シリーズ 実学の森

情報のちから

情報 × 看護で
情報社会・少子超高齢社会の
課題に挑む

セキュリティー　看護
AI　ビッグデータ
グローバル　ネットワーク
医療　社会

東京情報大学
「情報のちから」編集委員会編

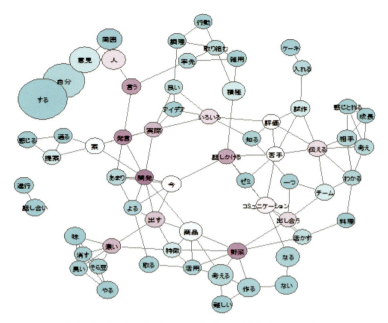

口絵1　地域社会で「課題解決プロジェクト」（115頁参照）

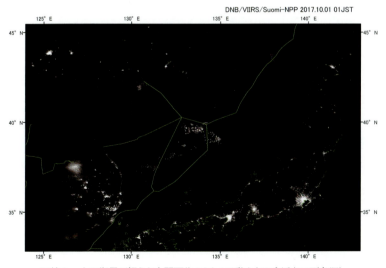

口絵2　人工衛星が捉えた夜間画像からわかる私たちの生活（139頁参照）

口絵3　進化するスポーツ指導（164頁参照）

口絵4　「防災情報を使いこなす（280頁参照）

刊行にあたって

　東京情報大学は、「情報」を大学名に冠する初の私立大学として1988年に学校法人東京農業大学によって設立され、2017年に創立30周年を迎えました。現在、大学院総合情報学研究科（博士前期課程・博士後期課程）と2学部（総合情報学部、看護学部）が設置されています。大学開学時において、戦略的な企業経営や先端的な研究開発を目的としたツールとして注目されていたコンピュータは、その技術進化に伴って私たちの暮らしにまで大きな影響をもたらしました。

　私たちは、日ごろからモバイルフォンやタブレットなどの道具を使って、必要とする情報を探し出したり、買い物したり、ソーシャルネットワークサービスなどを通じてコミュニケーションを行っていることでしょう。これらの便利で快適を実現するシステムやサービスは、無数のデータと複雑で高度な技術によって実現されてきました。

　こうした情報社会で暮らす私たちにとって、情報は、水や空気、食糧、住居といったライフラインの一つとなっています。同時に、情報学は、医療、生命、経済、環境などあらゆるフィールドにおける課題を解決するための重要な学問分野として注目されています。

　一方で、わが国では、2018年現在65歳以上の人口が全人口の27.5%を占めています。今後、少子化と長寿命化の同時進行により、確実に少子超高齢社会が訪れます。医療・看護のフィールドは、限られた病院施設から地域へと広がり、「地域包括ケアシステム」の構築が喫緊の課題といわれています。

　この情報社会、少子超高齢社会の課題やあり方などを皆さんにご理解いただきたく、本書『情報のちから―情報×看護で情報社会・少子超高齢社会の課題に挑む―』を刊行しました。全て著者は本学教員です。

　本書は、2部構成とし、第1部を「情報社会の課題に挑む」、第2部を「少子超高齢社会の課題に挑む」といたしました。第一部では、情報社会中核となるコンピュータやシステムの歴史、人工知能、セキュリ

ティー、これを支える人材の育成、科学との関わりなどさまざまな切り口から紹介するため「テクノロジー」、「セキュリティー」、「科学」、「人材育成」、「環境」、「社会」、「コミュニケーション」の7つの章で構成しました。

　第二部では、「看護」と「情報」の融合を軸にして、「看護×情報の基本」、「次世代ケアとテレナーシング」、「当事者主体の情報管理」の3つの章で構成しました。特に、「テレナーシング（遠隔看護）」は、地域と地域医療をつなぐシステムとして実現が期待される技術であり、本学では看護学部に「遠隔看護実践研究センター」を設置して鋭意研究を進めています。

　これから、いまだかつて誰も経験したことのないフェーズに突入する事でしょう。本書が、今と未来の橋渡しをする主役として、今後ますます活躍が期待される皆さんが、活気ある社会を築くためのヒントとなれば、これに勝る喜びはありません。

　　平成30年5月

　　　　　　　　　　　　　　　　東京情報大学
　　　　　　　　　　　　　　　　　学長　鈴木　昌治

『情報のちから』の編集にあたって

コンピュータの出現とその急速な進化とともに情報社会は誕生しました。居ながらにしてあらゆる情報にアクセスし、世界や人とつながり、地球上のあらゆる地域に価値や財産を移転できる情報社会は常に進歩し、その速度はとどまることを知りません。

そこで、東京情報大学では情報の可能性について皆さんにご理解いただくことを意図して『情報のちから』を発行することとしました。

第1部では「情報社会の課題に挑む」と題し、情報社会を支える技術と教育、そこで暮らすための知恵、さまざまな課題をテーマとして「情報×テクノロジー」、「情報×セキュリティー」、「情報×科学」、「情報×人材育成」、「情報×環境」、「情報×社会」、「情報×コミュニケーション」という7つの切り口で解説しました。

また、情報化とともに、私たちが暮らす社会は、少子化と長寿化による少子超高齢社会でもあります。高齢者人口の急増で医療や看護のあり方も変化しています。そこで、第2部では「少子超高齢社会の課題に挑む」とし、看護や医療の基本を理解することから出発し、次世代の看護技術、自らが必要とする情報のあり方について「看護×情報の基本」、「次世代ケアとテレナーシング」、「当事者主体の情報管理」の3つの切り口で解説しました。

私たちは、これから誰も経験したことのない新たな社会に突入します。そこではこれまでとは全く異なる価値観や手段が求められるかもしれません。本書を通じて、明日の情報社会や少子超高齢社会を賢く生きる知識として、少しでも多くの「情報のちから」を身につけていただけたら幸いです。

東京情報大学「情報のちから」編集委員会

委員長　中尾　宏

情報のちから ～情報×看護で情報社会・少子超高齢社会の課題に挑む～

目　次

口　絵 ……… 3
刊行にあたって　　鈴木　昌治 ……… 5
『情報のちから』編集にあたって　　中尾　　宏 ……… 7

第1部　情報社会の課題に挑む ……… 15

第1章　情報×テクノロジー ……… 17

1．情報技術を利用した製品・サービスとビジネスの今と未来
　　樋口　大輔 ……… 17

2．システムを解析する技術 ～リバースエンジニアリングとは～
　　岸本　頼紀 ……… 20

3．もう病気は怖くない時代がやってくる!? ～IT創薬のみらい～
　　村上　洋一 ……… 24

4．画像処理とコンピュータグラフィックスの現在と未来
　　松下　孝太郎 ……… 28

5．CGで広がるものづくりの未来　　中島　淳 ……… 33

6．人工知能の歴史と現在 ～計算する機械から賢い機械へ～
　　マッキン　ケネスジェームス ……… 35

7．機械学習とは ～人間のように考えるコンピュータの実現～
　　永井　保夫 ……… 44

8．インターネットとWebって何が違うの? ～Web技術の神髄を探る～
　　河野　義広 ……… 47

9．コンテンツ指向ネットワークって何だろう　　花田　真樹 ……… 52

9

第2章　情報×セキュリティー ……… 56

1．ネットワークセキュリティーの今　～便利と安全の間で～
　　井関　文一 ……… 56

2．音に情報を隠す技術～音による人に優しい社会の実現～
　　西村　明 ……… 60

3．「情報セキュリティー」って何だろう　中尾　宏 ……… 64

4．サイバーセキュリティー人材を育てる　布広　永示 ……… 67

5．あなたのWeb閲覧は記録されている　鈴木　英男 ……… 71

第3章　情報×科学 ……… 75

1．ビッグデータとスモールデータ　～統計学の役割～
　　内田　治 ……… 75

2．「ビッグデータ」っていったい何だろう　吉澤　康介 ……… 78

3．データ・情報・データベースの違いって何だろう　藤原　丈史 ……… 82

4．つながりを科学する　三宅　修平 ……… 85

5．数学と情報　伊東　杏希子 ……… 89

6．あなたはその選択を変えますか?　～情報とモンティ・ホール問題～
　　矢作　由美 ……… 92

第4章　情報×人材育成 ……… 95

1．プログラミングの醍醐味とは　　大見　嘉弘 ……… 95

2．プログラムを見せる技術とプログラミング学習
　　大城　正典・永井　保夫 ……… 99

3．プログラミング能力を伸ばす学習モデルと支援システム
　　布広　永示 ……… 104

4．データサイエンティストになるには!?　　櫻井　尚子 ……… 109

5．地域社会で「課題解決プロジェクト」〜情報発信と協働で成長する〜
　　栁田　純子 ……… 112

6．オリンピックとスポーツマネジメント　〜ポセイドン・ジャパンの活躍〜
　　原　　朗 ……… 116

7．子どもの未来を支えるコミュニケーション能力を育てる
　　原田　恵理子 ……… 119

8．子供から大人へ　〜情報教育と移行支援〜　　田邉　昭雄 ……… 125

第5章　情報×環境 ……… 128

1．広がるドローンの活用と未来　　朴　鍾杰 ……… 128

2．ドローン操縦士を目指そう　　鈴木　英男 ……… 132

3．人工衛星が捉えた夜間画像からわかる私たちの生活
　　浅沼　市男 ……… 136

4．わたしたちの生活に不可欠となったGPS　　浅沼　市男 ……… 140

5．地球温暖化による生物の分布の変化を予測する　〜予測地図の作成と利用〜
　　富田　瑞樹 ……… 144

6．環境と防災・減災に役立つITとは　　原　慶太郎 ……… 148

第6章　情報×社会 ……… 152

1．ICTの進化で会計の仕事はなくなってしまうの?　　斎藤　　隆 ……… 152

2．感情(="情"報)の心理学　　小早川　睦貴 ……… 155

3．進化するスポーツ指導　　石井　政弘 ……… 161

4．フィンテックで広げる中小企業の資金繰り策　　堂下　　浩 ……… 165

5．博物館資料とゴミを分けるものって何だろう　　蒲生　康重 ……… 171

6．これからの映画の可能性　　藤田　修平 ……… 175

7．社会情報と風刺画〜1枚の風刺画から見えるものは?〜
　茨木　正治 ……… 180

8．Webを用いたカウンセリングの効果　　山口　　豊 ……… 185

9．情報社会の可能性と限界　　圓岡　偉男 ……… 191

第7章　情報×コミュニケーション ……… 194

1．ICTで地域を元気に!〜ICTでつながる地域社会と大学、学生の未来〜
　河野　義広 ……… 194

2．一人でもコミュニケーションしている?　　茂住　和世 ……… 197

3．ことばと情報　　鈴木　理枝 ……… 200

4．介護業界の課題とITを活用した取り組み　　池田　幸代 ……… 203

5．ネット社会が睡眠を奪う?　　安岡　広志 ……… 207

第2部　少子超高齢社会の課題に挑む ……… 211

第1章　看護×情報の基本 ……… 213
1．ケアシフト現象から見る看護師が活躍する場の変化
　　松下　博宣 ……… 213
2．情報学の先駆者　ナイチンゲール　　内潟　恵子 ……… 217
3．身体からの情報を活かして「免疫力アップ」　　宮野　公惠 ……… 221
4．目と手の情報収集「観察」　伊藤　美香 ……… 225
5．情報管理の要を握る看護師　　林　　美佐 ……… 228
6．孫から学ぶ認知症ケアの力　　成松　玉委 ……… 232
7．地域包括ケア時代の健康情報資源とネットワーク
　　髙栁　千賀子 ……… 235

第2章　次世代ケアとテレナーシング ……… 238
1．在宅医療を進化させるビッグデータの活用
　　川口　孝泰・今井　哲朗 ……… 238
2．看護技術における情報活用～AI活用による予測的ケア方略～
　　大石　朋子 ……… 242
3．未来の看護教育に求められる情報リテラシー　　豊増　佳子 ……… 246
4．生体情報処理の進化と新たな観察技術の創出　　伊藤　嘉章 ……… 250
5．情報活用した訪問看護のこれから
　　～初心者でも訪問看護の達人になれる?　　葛西　好美 ……… 253
6．保健師活動における情報活用の未来　　吉岡　洋治 ……… 257

第3章　当事者主体の情報管理　········ 261

1．苦情の活用がつくりだす成熟社会　　加納　佳代子　········ 261

2．当事者にとっての情報管理とは?　　岸田　るみ　········ 264

3．災害時の避難所生活が及ぼす危機
　〜情報処理能力の乏しい統合失調症に病む当事者とその家族の苦悩〜
　藤井　博英　········ 268

4．在宅療養児と家族をつなぐ「情報活用資源」　　西村　あをい　········ 271

5．赤ちゃんと家族をつなぐ「情報交換ツール」　　田中　学　········ 274

6．防災情報を使いこなす　　小島　善和　········ 277

7．ラクをするほど健康長寿?　〜からだの声に意識を向けて〜
　吉武　幸恵　········ 281

第 1 部
情報社会の課題に挑む

第1章　情報×テクノロジー

第2章　情報×セキュリティー

第3章　情報×科学

第4章　情報×人材育成

第5章　情報×環境

第6章　情報×社会

第7章　情報×コミュニケーション

第1章　情報×テクノロジー

1. 情報技術を利用した 製品・サービスとビジネスの 今と未来

樋口　大輔

　VR（バーチャル・リアリティー）、デジタルサイネージ、プロジェクションマッピング…などと聞くと、ゲームやエンターテイメントの分野を連想する人が多いだろう。現在、それらの技術を体験できるのは、ゲームセンターやレジャー施設が中心だからである。しかし実は、ビジネスのさまざまな場面で次世代の情報技術の実用的な活用が進みつつあり、私たちの社会に浸透してきているのだ。

　いままで、情報技術と企業経営といえば、企業の業務を支える経営情報システムのような話が中心であった。企業内部のマネジメントにおいて、コンピュータやネットワーク、情報システムがいかに機能するのかということは、長年研究されてきているテーマである。

　しかし、近年注目されているVRやデジタルサイネージといった技術は、消費者との接点においても活用できるものであり、それらが企業経営にどのような意義があるのかということは、実務の急速な進歩に学術研究が追い付いていない分野といえる。注目の情報技術を、ビジネスや企業活動といった側面から見てみよう。

▶新しい技術で何が実現しているのか?

　鉄道の駅では、ハイテク自販機の設置が進んでいる。「acure」（アキュア）という、前面に大きなデジタルサイネージを搭載した自動販売機である（写真1）。

　デジタルサイネージは、液晶モニターを使って案内や広告などの情報

第1部　情報社会の課題に挑む　17

〈写真1〉 次世代自動販売機「acure」

を掲示するために大型商業施設内や入り口付近に設置されていることが多い。施設内、各フロア、各ショップの詳細な情報を表示することで、より多くの顧客を呼び込むために役立てられている。見た目も良く、多彩かつリアルタイムな情報を瞬時に提供できる媒体として活用されているのである。acureはジュースの自動販売機とデジタルサイネージを一体化させたものだ。

〈写真2〉自動販売機によるレコメンデーション

　acureは、大型のタッチパネルを搭載し、細かい商品情報のほか、気温や時間帯、環境に応じたコンテンツ(CMなど)の配信が可能となっている。それだけではない。本体上部にあるセンサーにより、撮影された利用者の顔の動画から、利用者の年齢や性別といった属性を推定し、属性に合うオススメ商品(「レコメンド商品」という)を表示することも可能なのだ(写真2)。

これを実現させているのは、大型の液晶タッチパネルや、人の動きを検出するカメラとセンサー、画像から人の顔を判定する顔認識技術である。ハイテク自販機は、これらを組み合わせて開発された、新しいサービスといえる。

　従来の自販機は、利用者が買ってくれることをずっと待つだけのものであったのに対し、この自販機は積極的にモノを売りにくる。このことがジュースの売り上げアップに貢献することは容易に想像できるだろう。一見して、「かっこ良くなった」や「操作が面白くなった」だけのように見られがちであるが、実はその裏側には、利用者には気づかれにくいように、モノをもっと多く売る仕組みが見事に組み込まれているのである。

樋口　大輔(ひぐち　だいすけ)…総合情報学部総合情報学科社会情報学系准教授／研究分野：経営学, 経営戦略論

第1部　情報社会の課題に挑む

2. システムを解析する技術
～リバースエンジニアリングとは～

岸本　頼紀

▶リバースエンジニアリングとは

　情報システムといえば、新しい技術による新規なシステム開発が注目されがちであるが、古い既存のシステムを解析する技術が存在することをご存じだろうか？　これは、リバースエンジニアリングと呼ばれる技術である。

　通常のシステム開発では、システムの目的を決定し、必要な機能やハードウエアなどの構成を設計し、実際にプログラムでこれを実現する。リバースエンジニアリングは文字通り開発の逆を行う。すなわち、既存のプログラムから機能の設計を解析し、さらにシステムの目的を分析するものである。

▶アップデートの弊害

　既存のプログラムの解析というと、ゲームの改造とか既存システムの模倣といった悪いイメージがあるかもしれないが、革新目覚ましい情報システムにおいては、この技術がしばしば必要となる。

　ざっくり言ってパソコンを動かすプログラムにはオペレーティングシステムとアプリケーションの二つがある。オペレーティングシステムとは、コンピュータを動作させる基盤となるプログラムで、パソコンでいえばWindows、スマートフォンでいえばAndroidやiPhoneのiOSなどが該当する。アプリケーションとは、それらのオペレーティングシステムの上で動作するプログラムで、Microsoft Word、スマートフォンであればゲームやアプリなどが該当する。

　ある日オペレーティングシステムが更新されたとしよう。WindowsアップデートやAndroidの更新などがこれにあたるのだが、今まで動いていた

20　第1部　情報社会の課題に挑む

プログラムがこのアップデートにより動かなくなる場合がある。例えば、ある日Androidのシステムがバージョンアップされたとしよう。ところが、今までプレイできていたゲームは新しいバージョンのAndroidでは動作しない。これでは、ゲームがプレイできなくなってしまう。このようにオペレーティングシステムのアップデートにより、アプリケーションが動作しなくなることがある。

　誤解してほしくないのだが、Windowsアップデートなどのオペレーティングシステムの更新は、セキュリティーの問題のためにも必要である。

▶リバースエンジニアンリングの必要性

　さて、オペレーティングシステムのアップデート問題に戻ろう。この問題は、もっと致命的な被害を生む可能性がある。

　例えば、小さな町工場をイメージしてもらいたい。この工場ではロボットをパソコンで制御して金属部品を製造している。ある日、ロボットを制御するパソコンのオペレーティングシステムを更新したとしよう。この場合、セキュリティーは強化されたのだが、このロボットを制御するプログラムが動かなくなってしまった。アプリケーションを開発していた会社に修正を依頼することもできるかもしれないが、その会社が倒産していたりすると、どうにもならなくなる。

　そこで、リバースエンジニアリングの出番である。リバースエンジニアリングにより、今まで動いていたプログラムを解析する。プログラムから必要な機能やハードウエアとの関連を分析する。これにより、既存プログラムの設計図を抽出する。この設計図に基づいて新しいプログラムを開発できれば、新環境で同様のロボット制御を実現できる。

▶リバースエンジニアリングのやり方

　リバースエンジニアリングのやり方を二つ紹介しておこう。

　ひとつは静的解析と呼ばれるものである。これは、簡単にいうとプログラムそのものを解析するやり方である。とはいえ、これが厄介だったりする。

第1部　情報社会の課題に挑む　*21*

最初にプログラムの作り方について簡単に説明しておこう。プログラムはプログラミング言語で記述されている。通常プログラムの作成ではJavaやCといった人間がある程度理解しやすい命令で記述する。しかし、このままではコンピュータが理解できないため、これをコンピュータ用に変換する。これをコンパイルと呼ぶ。このコンパイルされたプログラムをコンピュータで実行させる。

　静的解析では、このコンパイルされたプログラムを解析する。しかし、コンパイルされたプログラムは、そのまま人間が読むには難解すぎる。そこで、機械用にコンパイルされたプログラムを人間が読みやすいように逆コンパイルを行う。これにより、人間が読みやすいコードに変換して、これを読み解き解析する。しかし、この逆コンパイルがうまくいかない場合もある。そのため、静的解析をする場合には機械語と呼ばれるよりコンピュータに近い言語などさまざまな知識が必要となる。

　また、静的解析とあわせて動的解析というやり方もある。これは、実際にプログラムを動作させて、データがどのように変更されるのか。ロボットの制御であれば、どのような信号が出力されるのか。といった実際にプログラムを動作させた振る舞いからシステムを解析する。実際には、静的解析、動的解析の両方を駆使してシステムの解析を行うこととなる。

▶リバースエンジニアリングとセキュリティー

　リバースエンジニアリングは既存のプログラムを解析する技術であるが、これが最近のセキュリティー技術に貢献している。

　コンピュータウイルスなどの悪意のあるプログラムのことをマルウエアと呼ぶ。マルウエアはプログラムである。プログラムであればリバースエンジニアリグで解析ができる。

　例えば、あるコンピュータウイルスがあったとする。これに感染した場合、どのようなファイルが流出したのか。どこに流出したのか。感染しても被害がでないような対策プログラムはどのようなものを作れば良いのか。といったことが分析できる。

　最近では多くのマルウエアが確認されている。また、これらは急激に

22　第1部　情報社会の課題に挑む

増加してきている。次々開発される悪意のあるプログラムに対して、リバースエンジニアリングによりその脅威を解析し対策をし続けることが情報システムの安心と安全を守ることにつながる。

　リバースエンジニアリングは、そんなセキュリティーの現場でも活用されている技術なのである。

岸本　頼紀（きしもと　よりのり）…総合情報学部総合情報学科情報システム学系准教授／専門分野：ソフトウェア工学

3. もう病気は怖くない時代が やってくる!?
～IT創薬のみらい～

村上　洋一

　ドラッグストアや薬局に行くと数多くの薬があるが、それらは高い効能を持つ一方で、体に深刻な影響を与える場合もある。身近な薬といえば、風邪薬や頭痛薬などを思い浮かべる。実は、これらの薬は風邪や頭痛などの症状を和らげているだけであって、根本的な原因を治しているわけではない。一方、抗生物質は病気の原因となる細菌を死滅させることができる。この薬のおかげで感染症を抑えることができるようになり、日本人の平均寿命が2倍以上も延びたといわれている。また、抗ウイルス薬のように体に侵入したウイルスの増殖を抑制させることができる薬もある。これらの薬は高い治療効果を持つが、実は正常な細胞にも作用してしまう恐れがある。そこで現在、例えばがん細胞のような病気の原因となる細胞だけを標的とする「分子標的薬」が注目されている。これは、細胞表面上にある病気の原因となるタンパク質（protein）を標的として攻撃することができる薬である。

▶長い年月、膨大な費用と多くの労力
　新しい薬を創る過程を「創薬」と呼んでいる。創薬では、まず病気の原因となる分子を特定する基礎的な研究から始まり、次に膨大な数の化合物の中から薬として有効な候補化合物を見つけ出し、その効能や安全性を検証するための動物実験や毒性試験などの非臨床試験を経て、実際に人に投与する臨床試験（治験）まで、さまざまな段階がある。そして、治験を経て安全性が検証された候補化合物のみが薬として厚生労働省から認可された後、市販薬や処方薬として使用されるようになる。このように創薬では、長い年月と膨大な費用そして多くの労力が必要とさ

れる。しかしながら、多大な努力にもかかわらず、候補化合物が新薬として認可される確率はとても低く、治験の段階で期待する効果が得られなかったり、あるいは薬の本来の治療目的（主作用）に沿わない別の好ましくない働き（副作用）が生じたりする問題などで開発が中止になってしまうことがある。

▶情報技術の活用

　そこで、創薬の成功確率を高めるために、情報技術（information technology：IT）を活用した「IT創薬」が注目されている。IT創薬では、例えば、ITを駆使して生体分子の相互作用ネットワーク解析から病気の発症や進行に関係している分子を発見したり、また膨大な数の化合物の中から標的とする分子に作用する候補化合物を短時間で絞り込んだりすることができる。また、計算処理能力が高いスーパーコンピュータを使用することにより、標的分子の機能的に重要な部位に化合物がどのように結合するのかをシミュレーションすることができるようになった（図1-A）。以上のようなIT創薬によって、効率的に有効な標的の発見や候補化合物の絞り込みがされることにより創薬の成功確率が高くなるだけでなく、それに費やされる時間の短縮や費用の抑制につなげることができる。さらに、人工知能（artificial intelligence：AI）の発展がIT創薬を後押しし、より治療効果の高い薬の開発が期待されている。例えば、これまでの実験から得られた膨大な生化学データを学習させて、生体内における化合物の効果や副作用を予測することにより有効かつ安全な候補化合物を見つけることができるだけでなく、これまで誰も考えつかなかった新しい化学構造を持った薬を創ることができるかもしれない。

　もうひとつ、創薬の成功確率を高めるために注目されているものがある。それは「ゲノム情報」である。ゲノム（genome）とは、遺伝子（gene）と染色体（chromosome）から合成された言葉で、DNAのすべての遺伝情報のことである。遺伝子とは、例えば鼻の形が似ている、ある病気にかかりやすいなどの、親の生物学的な特徴が子どもに伝わるDNAの塩基配列の特定の部分のことであり、体を構成する重要な部品の一つ

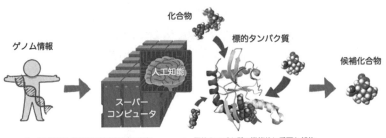

図1　より治療効果の高い新薬を目指すIT創薬

であるタンパク質を作るための設計図のことである。ゲノム情報を解析することにより、病気に関係する遺伝子群を同定し、それらから作られるタンパク質から薬の標的を絞り込むことによって、短期間で有効な薬を開発できると期待されている（図1-B）。これは「ゲノム創薬」と呼ばれている。ゲノム創薬では、酵素（enzyme）や受容体（receptor）などタンパク質だけでなく、伝令リボ核酸（messenger ribonucleic acid：mRNA）やデオキシリボ核酸（deoxyribonucleic acid：DNA）のような核酸も薬のターゲットとなるため、数多くの種類の薬が創られると期待されている。また、個人の体質の違いは遺伝情報のわずかな違い、すなわち遺伝子や制御領域の塩基配列にある一塩基が変異することによって生じる。これを「一塩基多型（single nucleotide polymorphism：SNP）」と呼んでいる。膨大なヒトのゲノム情報を比較してSNPを見つけ出すことにより、個人の体質にあった治療や副作用を抑えた薬を使うことができるようになるだけでなく、希少難病性の病気に対する薬の開発の実現が期待されている。

　まさに今、ITを駆使した創薬が、技術的な革新を遂げた高速なスーパーコンピュータやAIの後押しを受けて、従来の創薬を大きく変革しようとしている。また、生命の設計図であるゲノム情報を活用することにより、より治療効果の高い新薬が創り出されようとしている。そして将来、IT創薬によって、これまで治療が困難であった病気を治療できる革新的な新

薬を創り出され、あらゆる病気を治すことができる時代がやってくるのかもしれない。

村上　洋一（むらかみ　よういち）…総合情報学部総合情報学科情報システム学系助教／専門分野：生命情報学

4. 画像処理と
コンピュータグラフィックスの
現在と未来

松下　孝太郎

　今日におけるコンピュータおよび関連技術の発展はめざましく、今後さらに大きく進歩すると思われる。筆者の研究対象分野に含まれる画像処理、コンピュータグラフィックスも大きく進歩し、未来が期待される分野である。

　本稿では、画像処理とコンピュータグラフィックスの現状を筆者の研究にも触れながら述べるとともに、予測可能な比較的近い未来における動向や技術的な到達予想に関して述べる。

▶画像処理の進化

　画像処理は、コンピュータの性能の向上とともに発展してきた分野である。また、研究も基礎的なものから応用的なものまで多岐にわたり、処理の高精度化および高速度化が行われてきた。

　基礎的研究の例として、物体抽出や物体追跡がある。画像処理ソフトの各機能やカメラの顔認識などが代表的な例である。汎用的な物体抽出手法である動的輪郭モデル(図1)も、画素レベルでの高精度な抽出手法が開発されている(図2)[1]。

　基礎的研究は今後も高精度化、高速度化が図られるとともに、新しい処理手法の開発が進むと考えられる。より複雑な形状の抽出・認識を含め、3次元空間を対象に一括した処理が進むものと考えられる。

　応用的研究の例として、医用画像処理、衛星画像処理がある。医用画像処理はCTやMRIの高性能化と広範囲への普及により、臓器認識、診断支援などが行われている。衛星画像処理も衛星の高性能化な

どにより、可視光領域以外の情報も利用した植生分布の解析や目的領域の抽出などが行われている(図3)[2]。

　応用的研究は、基礎的研究と同様に今後も処理の高精度化、高速化の追求が引き続き行われることが期待される。身近な例では、ロボットビジョンが挙げられる。人間が視覚的情報を処理することにより、さまざまな活動をしているのと同様、ロボットも人工的な眼球から取り込んだ画像を高精度に処理することにより、環境認識、姿勢制御が一層スムーズになる。さらに、AI（人工知能）技術の進展と併せて、事前の危険回避、環境予測が可能となり、人間とほとんど変わらない動作が実現していくと考えられる。また、特に我が国では少子高齢化のため、介護などの面

図1　動的輪郭モデルによる物体抽出過程

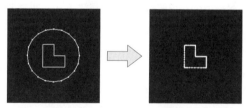

図2　動的輪郭モデルによる高精度な物体抽出

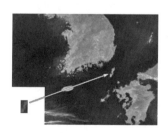

図3　衛星画像処理

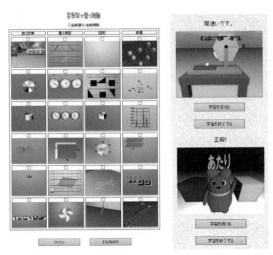

図4　CG利用による学習システム

でも、より人間らしいロボットの開発が期待される。

▶コンピュータグラフィックスの進化

コンピュータグラフィックス(CG)は今世紀に入り急速に普及し、多く目にする技術となった分野である。その原因としてはコンピュータの処理速度を中心とした高性能化である。

CGは実物に近い表現が追求されてきた。映画でのCG利用はその代表的な例と言える。さらに、流体シミュレーション、大気シミュレーションなど研究面でも多く利用されている。

CGの研究に関しては、より高精細なレベルかつ大規模なレベルでのCG描画が可能になると予想される。同時に、仮想空間だけでなく、実空間への3次元立体表示に関しても、関連商品やサービスの普及が期待される。

また、CGは教育領域でも大きく貢献している。学習システムやビジュアルプログラミング言語に関する教育・研究を進展させた。

学習システムは、CGを取り入れることに文字だけでは表現が難しい内容の表現を可能とし、CGの視覚的効果により理解を深めることと併せ、

図5　スクラッチの画面

図6　スクラッチの書籍とその内容

学習意欲の喚起も期待できるようになった(図4)。

　ビジュアルプログラミング言語は、CGにより全体が構成されており、プログラミング言語を家庭で利用することや、こどもが操作することを可能とした。

　ビジュアルプログラミング言語で世界的に利用されているものにScratch(スクラッチ)がある。スクラッチは主にブロックを並べる操作によりプログラミングが可能であり、CGによりブロックをはじめキャラクターが表現されている(図5)[4]。さらに、小学校においてプログラミング教育が必修化されることもあり、この分野の研究・教育報告および関連書籍の発表が活発化している(図6)[5]。

CGの教育への利用に関しては、ビジュアルプログラミング言語がさらに進化すると思われる。さらに、実空間を扱う3次元プログラミングも開発も期待されている。また、CGとAIの融合よる入力アシストや半自動プログラミングなどが普及していくと思われる。

▶おわりに

本稿では、画像処理、コンピュータグラフィックスの現在の技術と予測可能な未来の技術について述べた。画像処理、コンピュータグラフィックスの未来において、共通のテーマは、高精度、3次元、AI融合、教育である。

筆者も、共同研究者および学生たち、さらにはこれらの分野に関心をもつ方々とともに、当該分野の研究・教育に寄与していきたいと考えている。

▶参考文献

1）松下孝太郎："応力のかかる部分で制御点が分裂する動的輪郭モデル"，日本画像学会誌，vol.54, no.3, pp.190-198,（2015.6）

2）K. Matsushita, S. Koshikawa, T. Endoh, et al.："Satellite Data Visualization System for Education", Journal of Artificial Life and Robotics, vol.19, no.3, pp.258-261,（2014.11）

3）K. Matsushita, T.Kurumagawa, T. Sakiyama, Hideo Suzuki："Development and Evaluation of a User Adaptive Learning System Using Computer Graphics for Arithmetic Classes", Journal of International Information Institute, vol.19, no.1、pp.139-148,（2016.1）

4）https://scratch.mit.edu/

5）松下孝太郎, 山本光.：親子でかんたん　スクラッチプログラミングの図鑑, 技術評論社,（2018.1）

松下　孝太郎(まつした　こうたろう)…総合情報学部総合情報学科社会情報学系教授／専門分野：画像工学, コンピュータグラフィックス, 教育工学

5．CGで広がるものづくりの未来

中島　淳

▶創意工夫を学べるものづくり施設「ファブ施設」

　民間調査機関[1]のまとめによると、日本国内のファブ施設は2015年の80カ所から2017年には174カ所となり、この２年で倍以上に増加している。ファブ施設とはファブリケーション（ものづくり）施設という意味で、レーザーカッターや３Dプリンターといったデジタル工作機械から従来の工具までの多様な設備をそろえ、個人によるDIY（自分でやってみる、作ってみる）活動を支援する場のことである。

　その中でも先駆的な存在である「Fab lab（ファブラボ）」[2]と呼ばれる施設は、2005年にMITのニール・ガーシェンフェルド教授が著書『Fab: The Coming Revolution on Your Desktop　邦題：ものづくり革命　パーソナル・ファブリケーションの夜明け』の中で提唱したもので、市民に開かれたものづくり支援の活動を世界的ネットワークに広げ、「ものづくりを通して物の構造や成り立ちを理解し、自分の手で組み立て、試行錯誤や創意工夫を学ぶ」という理念を実践していく拠点となっている。

▶「ものづくり」に触れる機会の増加

　さらに日本では「Fab lab」以外にもさまざまなファブ施設が各地にオープンしている。2017年の傾向は比較的規模の大きな施設の増加が特徴で、企業や大学が地域社会と交流する目的で、周辺住民の利用を受け入れたり、地方自治体が住民サービスの一環として、例えば廃校になった小学校の活用などがこれにあたる。一方で小規模な施設も増え、個人やグループで空き店舗をファブ施設化しカフェや古書店も併設し、誰でも気軽に「ものづくり」に触れることができる施設が登場した。

　この数年のファブ施設の増加と、利用者の関心が高まっている理由を調べていくと、私たちの暮らしに情報とICTが広く浸透してきたことが大き

第１部　情報社会の課題に挑む　*33*

く影響していることがわかってきた。第一は、SNSの普及によってあらゆる話題がやり取りされる中で、ものの作り方や直し方の情報交換は有益で人気が高いこと。第二は、３Dプリンターの登場である。原型がデジタルデータであるためネット上でのやり取りに適し、既に無料で利用できるものが数多く公開されていること。さらに、すぐれた技術やアイデアがいかされたデータを有償で販売・購入するビジネスも生まれ、アート、ホビー、ビジネスの３領域に広がりを見せている。

　それではこのような状況を積極的に利用し、現代のものづくりの世界を学び楽しみたいと思ったら、何から始めたらよいのだろうか。その答えはCG作成ソフトの使い方を習得することである。PCとネットが利用できる環境さえあれば、３Dプリンター用データを作成できるCGソフト[3]を無料で入手することができるし、操作方法を学ぶ方法も心配はいらない。ネット上にユーザーによって作成された操作マニュアルや、操作方法の動画が数多く公開されている。そして基本的な知識が身についたら、次は身近なファブ施設を検索すればよい。もちろん情報大もその中の一つである。

▶参考文献

1 ） fabcross　https://fabcross.jp/other/about.html
2 ） Fab labは2016年現在、世界70カ国360カ所に存在し（日本にも15カ所）、その数は増加し続けている。
3 ） 無料CGソフトの一例　Blender　http://blender-cg.net/

中島　　淳（なかじま　きよし）…総合情報学部総合情報学科社会情報学系助教／専門分野：マルチメディア論

6. 人工知能の歴史と現在
～計算する機械から賢い機械へ～

マッキン　ケネスジェームス

　近年、人工知能（Artificial Intelligence：AI）への関心が再び高まり、人工知能に関するニュースも報道で頻繁に取り上げられるようになった。ここでは、改めて人工知能の歴史を振り返りながら、人工知能の今を考えてみる。

　まずはじめに、人工知能の定義を改めて確認したい。ニュースや報道でも人工知能をさまざまな意味で論じており、そのために誤解を招いている部分も見受けられる。それもそのはずで、実は研究者や専門家の間でも人工知能の定義は定まっていない。ここでは、人工知能を広く、「人間のように賢く問題を解決するコンピュータプログラム」と定義する。

　1930年ごろから数学者を中心に、当時まだ存在していないコンピュータの実現に大きく影響する論文が次々と発表され、コンピュータ開発が現実に近づいた。以下に示してみよう。

1936年　アラン・チューリングの論文「計算可能数について――決定問題への応用」において、コンピュータの動作原理を解明

1936年　エミール・ポストの論文「有限組合せ手順――第1公式化」において計算の数学的モデルを考案

1936年　中嶋章が論文にてスイッチング回路網理論を発表

1937年　クロード・シャノンが修士論文においてデジタル回路・論理回路の概念を確立

1945年　ジョン・フォン・ノイマンの報告書「EDVACに関する報告書の初稿」において、プログラム内蔵型コンピュータの動作原理を解説

第1部　情報社会の課題に挑む　35

同時期にアメリカ・イギリス・ドイツでは、世界初のコンピュータの開発が独自に進められた。以下は、黎明期に開発されたコンピュータの名前と開発国である。

1937年　Atanasoff-Berry Computer［アメリカ］
1937年　Bell Labs Model K［アメリカ］
1941年　Zuse Z3［ドイツ］
1943年　Collosus Mark I［イギリス］
1944年　Harvard Mark I［アメリカ］
1946年　Electronic Numerical Integrator and Computer（ENIAC）
　　　　　［アメリカ］
1947年　Manchester Mark I［イギリス］
1948年　Manchester Small-Scale Experimental Machine［イギリス］

　空想の産物であったコンピュータが現実となったことで当時の研究者らは、産声を上げたばかりのコンピュータを用いて人間のような知的な機械を考えはじめた。人工知能の研究は、理論上の研究から現実の研究対象となったのである。人工知能の開発史の定まった分類は無いが、大きく研究が進んだ次の四期に分類することができる。

人工知能の誕生前夜（1943年-1956年）
第一期（1956年-1974年）「人工知能の誕生」
第二期（1980年-1987年）「エキスパートシステム」
第三期（1993年-2001年）「ファジィシステム」
第四期（2010年-）「ディープラーニング」

　1956年に「人工知能に関するダートマス夏期研究プロジェクト」（ダートマス会議）で初めて「人工知能」（Artificial Intelligence）という用語が使われたとされる。会議には、ジョン・マッカーシー（LISP言語開発

36　第1部　情報社会の課題に挑む

者)、マービン・ミンスキー(「人工知能の父」、LOGO言語開発者)、クロード・シャノン(「情報理論の父」、シャノンの定理)、ナザニエル・ロチェスター(アセンブラの開発者)ら、当時のコンピュータの先駆者たちの多くが参加した。この年、人工知能が研究分野として誕生したとされている。

半世紀以上の人工知能に関する進歩を全て書き表すことはできないが、代表的なものをいくつか選び、記す。

1943年　ウォーレン・マカロックとウォルター・ピッツが形式ニューロンを発表

1947年　アラン・チューリングがロンドン数学会にて経験から学ぶ機械について言及

1948年　ジョン・フォン・ノイマンが自己複製機械についての論文を発表

1948年　ノーバート・ウィーナーが科学専門書にて機械が自ら制御する「サイバネティクス」を命名

1949年　クロード・シャノンがコンピュータチェスに関する論文を発表

1950年　アラン・チューリングが人工知能を評価する「チューリングテスト」を考案

1951年　クリストファー・ストレイチーがチェッカープログラム(ゲームAI)を開発

1955年　アレン・ニューウェル、ハーバート・サイモン、クリフ・ショーが数学の定理を証明できるAIプログラムLogic Theoristを開発

1956年　ダートマス会議にてArtificial Intelligence(AI)という言葉が生まれる

1958年　フランク・ローゼンブラットが人工ニューラルネットワーク「パーセプトロン」を発表

1959年　ハーバート・サイモン、アレン・ニューウェル、クリフ・ショーがGeneral Problem Solver(GPS)を開発

1965年　世界初のエキスパートシステム Dendralプロジェクト開始

第1部　情報社会の課題に挑む　*37*

1965年	ロトフィ・ザデーがファジィ集合を提唱
1964年	ジョセフ・ワイゼンバウムが会話プログラム ELIZA 作成
1967年	甘利俊一が多層ニューラルネットワークの勾配降下法を発表
1968年	テリー・ウィノグラードが自然言語処理を行うSHRDLU開発
1972年	アラン・カルメラウアーとフィリップ・ルーセルが論理型言語 Prolog考案
1972年	スタンフォード大学にてエキスパートシステム Mycin開発開始
1975年	ジョン・ホランドが遺伝的アルゴリズムを発表
1979年	福島邦彦がネオコグニトロンを発表
1981年	通商産業省が第五世代コンピュータプロジェクト開始
1982年	ジョン・ホップフィールドがホップフィールド・ネットワーク発表
1982年	コホネンの自己組織化マップ発表
1984年	NASAがエキスパートシステム CLIPS開発
1985年	ジェフリー・ヒントンとテリー・セジュノスキーがボルツマンマシン発表
1986年	デビッド・ラメルハートらニューラルネットワークの誤差逆伝搬法を発表
1987年	仙台市地下鉄でファジィ制御による無人運転開始
1989年	ヤン・ルカンら多層畳み込みニューラルネットワークの応用
1990年 初頭	IBMのバックギャモンプログラムTD-Gammonが自己学習に成功
1990年代	ファジィ制御によるファジィ家電ブーム
1994年	ディックマンらの自律運転自動車VaMPがパリの高速道路の自動運転に成功
1994年	コンピュータチェッカーズプログラム(Chinook)が世界チャンピオンに勝利
1997年	IBMディープブルーが世界チェスチャンピオン ガルリ・カスパロフに勝利
1997年	コンピュータオセロ(Logistello)が世界チャンピオンに勝利
1997年	セップ・ホフライターとユルゲン・シュミットフーバーがLSTMネッ

	ワーク(Long Short Term Memory)を発表
2006年	ジェフリー・ヒントンらがディープ・ビリーフ・ネットワークを提案
2011年	IBMワトソンがクイズ番組「ジェパディ!」でチャンピオンに勝利
2012年	将棋電王戦開始(コンピュータの勝利)
2016年	Google DeepMindが開発した囲碁AI(アルファ碁)が世界の
	トッププロ棋士(九段)に4勝1敗で勝利
2016年	Google の囲碁AI Masterがトッププロ相手に60戦全勝
2017年	将棋電王戦終了(コンピュータの2戦全勝)

▶注目される「深層学習」

　近年人工知能技術として最も注目されているのが深層学習(Deep Learning)であるが、深層学習は突如生まれたまったく新しい技術ではない。深層学習は人工ニューラルネットワークの一種であり、深層学習を構成する人工ニューロンは1943年の形式ニューロンを元にしている。階層型のネットワーク構造は1958年のパーセプトロンから始まり、その学習方法は1967年の多層ネットワークの勾配降下法が用いられる。深層学習にはネットワーク構造や学習方法の異なるさまざまな種類があるが、いずれも1979年のネオコグニトロン、1982年のホップフィールド・ネットワーク、1985年のボルツマンマシンに着想を得ている。また、初期の深層学習は1989年に多層畳み込みニューラルネットワークとして発表されている。

　2010年ごろから深層学習が急に着目されるようになったのは、深層学習が画像認識率を競う大会において次々と高い精度により優秀な成績を収めたことによる。これは、コンピュータの計算速度およびメモリの向上に加え、グラフィックチップを用いたGPUコンピューティングの普及によるところが大きい。

　人工知能の歴史はコンピュータの発展と歩調を合わせて進んできた。現在の最先端コンピュータは、1945年フォン・ノイマンのプログラム内蔵型コンピュータの動作原理のまま性能向上を進めてきた。同じように、最先端の人工知能研究を代表する深層学習は、1943年の形式ニューロンを元に、ニューロンの数を徐々に増やし、ネットワーク構造を徐々に複雑

第1部　情報社会の課題に挑む　*39*

にし、計算能力を高めてきた。

　コンピュータが人間より早く、精度良く円周率πを計算できるのと同じように、現状の人工知能は、囲碁や将棋などのごく限られた、閉じられた世界の問題を人間より早く解くことができる。自動運転など、閉じられていない世界の場合は、想定される状況の範囲で、人間の操作の補佐を行うことにとどまる。

　「人間のように賢く問題を解決するプログラム」である人工知能は、1951年のチェッカーをプレイするプログラムから、半世紀以上かけ、囲碁のトッププロに勝てるようになった。1956年の数学の定理を証明できるプログラムから、60年かけてクイズ番組のチャンピオンに勝てるようになった。

　しかし、閉じられていない世界への人工知能の応用は、やっと始まったばかりである。コンピュータの性能向上と共に、閉じられていない世界の想定範囲を少しずつ広げ、より人間に役立つプログラムの研究が進められている。科学技術の未来を予想することは難しいが、これからも一歩一歩人工知能が人間のように賢く解ける問題の範囲が増えていくことだろう。

アラン・チューリング（1912-1954）
Alan Turing - by Elliott & Fry (c) National Portrait Gallery (CC BY-NC-ND 3.0) https://www.npg.org.uk/collections/search/portrait/mw63680/

ジョン・フォン・ノイマン(1903-1957)
John von Neumann - Los Alamos National Laboratory (Public domain) https://commons.wikimedia.org/wiki/File:JohnvonNeumann-LosAlamos.gif

クロード・シャノン(1916-2001)
Shannon, Claude - by Konrad Jacobs (c) Oberwolfach Research Institute for Mathematics (CC BY-SA 2.0 de) https://commons.wikimedia.org/wiki/File:ClaudeShannon_MFO3807.jpg

ノーバート・ウィーナー(1894-1964)
Norbert Wiener, American mathematician - by Konrad Jacobs (c) Oberwolfach Research Institute for Mathematics (CC BY-SA 2.0 de) https://commons.wikimedia.org/wiki/File:Norbert_wiener.jpg

1937 Atanasoff-Berry Computer

Atanasoff-Berry Computer at Durham Center, Iowa State University – (c) User: Manop (GFDL, CC BY-SA 3.0) https://commons.wikimedia.org/wiki/File:Atanasoff-Berry_Computer.jpg

1944 Harvard Mark I

Harvard-IBM Mark I Computer – by Daderot at en.wikipedia (GFDL, CC BY-SA 3.0)
https://commons.wikimedia.org/wiki/File：Harvard_Mark_I_Computer_-_Left_Segment.jpg
https://commons.wikimedia.org/wiki/File：Harvard_Mark_I_Computer_-_Right_Segment.JPG

1946 Electronic Numerical Integrator and Computer (ENIAC)
ENIAC (Electronic Numerical Integrator And Computer) in Philadelphia, Pennsylvania – U.S. Army Photo (Public domain) https://commons.wikimedia.org/wiki/File:Eniac.jpg

1948 Manchester Small-Scale Experimental Machine (SSEM)
Manchester University SSEM 'Baby' replica on display at the Museum of Science and Industry in Manchester – By Users Ian Dunster, Racklever on en.wikipedia (Public domain) https://commons.wikimedia.org/wiki/File:SSEM_Replica.jpg

マッキン　ケネスジェームス（まっきん　けねすじぇーむす）…総合情報学部総合情報学科情報システム学系准教授／専門分野：創発システム論

7. 機械学習とは
～人間のように考えるコンピュータの実現～

永井　保夫

　機械学習とは、人間が認識、記憶、思考を繰り返すことにより自然に行っている学習能力と同様の機能を機械（コンピュータ）で実現しようとする技術や手法のことである。機械学習では、機械が学習に利用できるデータが多ければ多いほど、多様かつ複雑な環境で知的にふるまうことが可能となるデータ（知識）を獲得することができる。機械学習では、データをコンピュータに解析させ、データから有用な規則、ルール、法則性、判断基準などを見つけ出し、知識として利用して未知のものを予測する推論をおこなっている（図1）。インターネットやIoT（Internet of Thingの略、あらゆる物がインターネットによってつながる事を示す）により世の中に蓄積された膨大なデータをビッグデータと呼ぶ。機械学習は、ビッグデータの活用と相まって適用される。

　代表的な機械学習の枠組みは、以下のように分類される。

▶例からの学習

　人間が概念を学習する場合には、具体例を示すことで役に立つことが多く、これを例からの学習と呼ぶ。多くの事例が与えられた場合には、それらの関係などから一般的な法則を学習することができる。例からの学習では、事例に基づいて学習前に知らなかった新しいデータを獲得する。

　さらに、例からの知識は、教師あり学習と教師なし学習に大別できる。

　教師あり学習では、入力であるデータに対する答えを例として事前に機械に与える。機械はデータに対する答えが正解となる例や、不正解となる例を教師から教えられて学習する。たとえば、リンゴの画像データに対しては「リンゴ」という答えが与えられ、ミカンの画像データには「ミカン」

という答えが与えられる。教師あり学習では、これらの入力画像データに対して「リンゴ」と答えが与えられた場合には、画像データからリンゴの特徴を見つけ出し、「ミカン」という答えが与えられた場合には、画像データからは「ミカン」の特徴を見つけ出す。教師あり学習では、これらの特徴を表現した学習モデルが構築され、このモデルを利用して未知の画像データが入力として与えられた場合に、それらのデータが「リンゴ」を示しているか、または「ミカン」を示しているという答えを出力する。

一方、教師なし学習では、教師あり学習とは異なり、機械が入力であるデータに対する答えとして正解を求められない場合に、データの中から有用な規則、ルール、法則性、判断基準などを見つけ出す。たとえば、「リンゴ」と「ミカン」を示す大量の画像データを入力として与えた場合に、それぞれのデータが「リンゴ」であるか、または「ミカン」であるかの答えを求めることはしないで、画像データの中から規則や法則性を見つけ出す。

▶強化学習

強化学習では、ロボットなどが実環境の中で試行錯誤しながら、最適

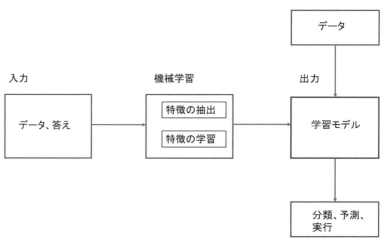

図1　機械学習を用いた処理

だと考えられる動作の仕方（行動の戦略）を獲得することで環境に適応する。ゲームのプレーでは、何度も操作を繰り返すことでその中でうまくいった操作を次に残していけるような戦略を学習する。これにより、ゲームのステージのクリアによる得点やクリアタイムの短縮など目的を達成するために、より高い報酬が得られるような戦略を学習する。

永井　保夫（ながい　やすお）…総合情報学部総合情報学科情報システム学系教授／専門分野：人工知能

8. インターネットとWebって 何が違うの?
～Web技術の神髄を探る～

河野　義広

▶そもそもインターネットって?

　インターネットと聞いて何を思い浮かべるだろうか。PCに最初からインストールされている"e"をかたどったソフトだろうか?　地球儀の形をしたスマホのアプリだろうか。答えはどちらでもない。それらは、WebブラウザというWeb(World Wide Webの略)に接続するためのソフトウエアである。では、そもそもインターネットとは何か?　あるいはインターネットとWebの違いをご存知だろうか?　Webのことをインターネットと呼ぶ人もいれば、両者の区別があいまいな人もいることでしょう。

　インターネットとは、世界中のコンピュータが相互に接続するネットワークのことで、Webはインターネットの主要なサービスの一つにすぎない。インターネットには、Webの他にも電子メールや音声通話、オンラインゲーム、ファイル共有など、実にさまざまなサービスが存在する。つまり、インターネットとは、そこに接続するすべてのコンピュータで作り上げるネットワークのことであり、参加する人々の手が加わって絶えず変化し続けるものである。

▶インターネットとWebの違い

　ではなぜ、「インターネット=Web」という認識が広がってしまったのだろうか?　近年、Web技術の進展により、Internet ExplorerやGoogle Chromeなど、Webブラウザと呼ばれるWebサイトを閲覧するためのソフトウエアが数多く登場し、多くのサービスがその上で動作するようになった。Web技術は、ゲームや地図サービスなどの動きのあるWebサイトを作るためのクライアント側の動的処理技術や、利用者の各種データを保

第1部　情報社会の課題に挑む　*47*

持しておくためのデータベース技術、それらの機能をまとめ利用者の操作に応答する処理全般を担うサーバー関連技術など多岐にわたる。

これらWeb技術が進展した結果、従来の検索サービスだけでなく、メールや買い物、音楽や動画の視聴、通話やチャット、ゲーム、スケジュール管理、ファイル共有など、多数のサービスがWeb上で利用できるようになった。すなわち、インターネットの利用というのは、現状ではWebブラウザを起動するところから始まるのである（Webブラウザ自体をインターネットと呼ぶ人がいるのも分からなくもない）。

▶Web技術の歴史

ここでは、Webの歴史を紐解きながら、その基本的な仕組みを説明し、Web技術の神髄を探ってみたい。Webの黎明期では、技術を持った一部の人間しかサイトを開設することはできなかったが、今では誰もがSNS（Social Networking Service）のアカウントを持ち、日々の情報発信をしたり、興味のある発信者を探したりするようになった。今では、Webは多くの人にとって生活の一部である。

1990年代は一般家庭にPCとインターネットの普及が進んだ。秋葉原まで出掛け目星を付けていたPCを探し、インターネットは町のNTT窓口まで行き工事と加入申し込みをした時代である。当時のインターネットというと、特殊な接続ツールを使ったダイアルアップ接続という方式でインターネットに接続する必要があった。接続に時間が掛かる上に、電話と同様につないでいるだけで1分いくらとかお金が掛かっていた。自宅から外部のサーバーにログインして、プログラミングに没頭していると1カ月の電話代が2万円を超えることもあった。回線も今と比べるとかなり遅く、大量の画像があるページだとずいぶんと時間が掛かっていた。当時まだGoogleはなく、カテゴリ毎にさまざまなサイトを整理しておくポータルサイトのようなYahoo!やInfoseekなどのディレクトリ型検索が主流で、目的のページにたどり着くまでカテゴリの階層構造を行ったり来たりした。

2000年代初頭、インターネットをADSLに切り替え、ネットの常時接続ができるようになった。その頃から、企業だけでなく個人もWebサイトや

ブログを持つようになったり、掲示板で情報交換をしたりと、個人がWeb上で情報発信をするようになった。若い人たちの間では、ラグナロクオンラインというMMORPG（Massively Multiplayer Online Role-Playing Gameの略で、多人数同時参加型オンラインRPG）が流行した。このゲームにハマり過ぎて大学を留年した話もあり、ネトゲ廃人という言葉が使われるようになった頃だ。大学のプログラミング課題でも、Webの掲示板やアンケート集計プログラムが課され、HTMLフォームやCGIスクリプトなどのWebの基本を学習した時代でもある。オンラインゲームに関する研究も盛んに行われるようになり、従来のサーバー・クライアント型とは異なるP2P（Peer to Peerの略で、サーバーを介さず端末間で直接通信する方式）型リアルタイムゲームに関する研究が注目された。P2P型では、リアルタイム性の高いネットワークゲームにおいて、インターネットの通信遅延による影響を利用者に感じさせないための研究が進められていた。

　2000年代中頃、mixiが日本で流行し始め、SNSの利用が一般的となった。日常の出来事や自分が感じたことなど、日記のように定期的に自分の意見を書くことができた。同時期、世界ではTwitterが注目され始めた頃だったが、日本では一部の利用者が注目するだけで実際に流行するのはその数年後である。

　2010年代になると、ソーシャルメディアが注目され始めTwitterやFacebookによる情報発信や人とのつながりが進み始めた頃である。ただし、日本でのTwitterの利用者は急速に増加したものの、Facebookが流行するのはもう少し後のことである。匿名性の高いコミュニケーションに慣れ親しんだ日本人には、実名制のFacebookに抵抗感を持つ人も多く、Facebookは海外との交流を持つ一部の日本人が使っている印象であった。その後、実名制による信ぴょう性のある情報共有が人々の共感を得るようになり、日本でもFacebookの利用者が徐々に増えていった。

　2011年震災が起きた年、Twitterが安否確認の手段となったが、Twitterが活躍したのはそこまでで、停電でネットワークが不通となって以降は、回りの人達との協力や実際に聞いた口コミの方が役立った。電気復旧後は、Twitterもつながり外の様子も分かるようになったが、ガソ

第1部　情報社会の課題に挑む　*49*

リン不足で困っていて、度々、偽情報も流されていた。震災後は、Twitterによる情報発見、Facebookによる地域情報の発信、各自のブランディングの場としてブログの活用と、ソーシャルメディアの活用や展開が期待される。

▶Web技術の神髄

　前述のように、インターネットの発展、とりわけWebの成長がこの20年余りに見られた。Web技術の著しい進展があり、その進展はスマートフォンの普及にも牽引され、ソーシャルメディアやクラウドサービスの普及、AI（Artificial Intelligence）やIoT（Internet of Things）を活用したサービスなど、我々の社会生活にも深く浸透している。

　技術者目線でいえば、Webは情報工学に関する技術の粋を結集したサービスである。例えば、経路制御や帯域制御などのネットワークの高速化・安定化に関する技術、通信の安全性を確保するためのセキュリティー技術、SNS上で写真を扱うための圧縮化や画像認識技術、利用者の利便性を考慮したユーザーインタフェース、大量のデータを扱うためのビッグデータ、AIやIoTに関する技術など、数え上げればきりがない。例えば、TwitterやFacebookを見ると、多数の利用者からの要求を高速に処理したり、投稿された写真から顔認識技術で個人を特定したり、フォロー関係や投稿内容を解析しておすすめユーザーを推薦したりなど、数々の要素技術が採用されている。加えて、TwitterやFacebookでは、利用者の投稿内容やつながり関係の情報などを外部のプログラムから利用できるようにWeb API（Application Programming Interfaceの略で、サービスの機能をプログラムから利用するための命令群）が提供されている。それ以外にも、各種SNSや地図・位置情報、気象情報、文章や画像解析など、数多くのサービスでWeb APIの開発や公開が行われており、それらを組み合わせた新たなサービスも日々開発されている。プログラマーたちは、Web上に自分の書いたコードを公開し、コミュニティーの中で互いにコードをレビューしたり修正したりして、技術の粋がWeb上に結集する。

最後に、技術者を目指す中学生や高校生の皆さんにお伝えしたいことがある。1）気になったWebサービスはとことん使ってみよう、2）そのWebサービスの裏側がどうなっているか想像してみよう、この2点である。百聞は一見に如かずという言葉がある通り、特にWebサービスは自分で使ってみなければ分からないことが多い。誰かに話を聞くのもよいが、自分で使い込んでみて、自分なりの使い方を見つけてほしい。その上で、社会の中でどのように活用されているかを知るだけでなく、技術的な仕組みがどうなっているかも想像してほしい。そういった経験が、自分でWebサービスを作る時にも役立つことを期待している。

河野　義広（かわの　よしひろ）…総合情報学部総合情報学科情報システム学系助教／専門分野：社会情報学

9. コンテンツ指向ネットワークって何だろう

花田　真樹

▶インターネットとコンテンツ指向ネットワーク

　現在、インターネットを介して、多くの情報検索、情報共有、コミュニケーションが行われており、インターネットは我々の生活に欠かせないインフラとなっている。現在のインターネットを支えているのがIPネットワークであり、IPネットワークとはIP（インターネット・プロトコル）というプロトコル（通信を行うための約束ごと）で接続された機器で構成されるネットワークのことである。IPネットワークで特に重要となるのが、ネットワーク上の各機器を識別するための番号であるIPアドレスである。

・インターネット（ホスト指向ネットワーク）（図1（a））

　現在のインターネット（ホスト指向ネットワーク）において、ユーザーが取得したいコンテンツ（情報）をどのような手順で取得しているかを見てみる。ユーザーはまず取得したいコンテンツのURL（ユニフォーム・リソース・ロケータ）を指定する。次に、このURLからホスト名を抽出し、DNS（ドメイン・ネーム・サーバー）により抽出されたホスト名からIPアドレスを取得する。次に、この取得したIPアドレス宛てにコンテンツ要求を送信し、このコンテンツ要求を受信したホストは要求されたコンテンツをユーザーに返信・転送する。この手順は、どのホスト（どのIPアドレスのホスト）にコンテンツ要求を送るか、どのホスト（どのIPアドレスのホスト）からコンテンツを取得するかという考え方である。このような考え方は、どのホストと通信するかに重きを置いたホスト指向型の通信形態に基づいている。

　インターネット（ホスト指向ネットワーク）では、「http://example.com/VideoA」を取得する場合は、まず、DNSより「example.com」のIPアドレス「WWW.XXX.YYY.ZZZ」を取得し（図1（a）の①と②）、次に、宛先ホスト（コンテンツサーバー）のIPアドレス「WWW.XXX.YYY.ZZZ」とコ

52　第1部　情報社会の課題に挑む

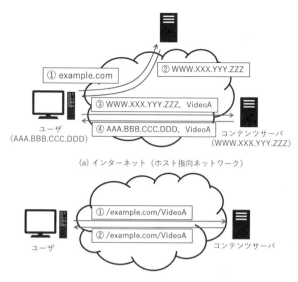

図 1　インターネット（ホスト指向ネットワーク）とコンテンツ指向ネットワーク

ンテンツ名「VideoA」を指定したコンテンツ要求を送信する（図 1 (a)の③）。

・コンテンツ指向ネットワーク（図 1 (b)）

　ユーザー側の視点で考えれば、取得したいコンテンツを取得できれば、そのコンテンツがどのホストにあるかは問題とはならない。つまり、そのコンテンツがどのホストにあるかには興味がない。この問題を解決するためのネットワークがコンテンツ指向ネットワークである。コンテンツ指向ネットワークは、現在のインターネットで用いられているコンテンツ要求にホストのIPアドレスを指定するホスト指向型の通信形態ではない。

　コンテンツ指向ネットワークでは、直接、コンテンツ名「/example.com/VideoA」を指定したコンテンツ要求を送信する（図 1 (b)の①）。このように、コンテンツ指向ネットワークでは、取得したいコンテンツがどのホストにあるかを意識することなく、直接、送信するだけで、コンテンツの取得が可能となる。

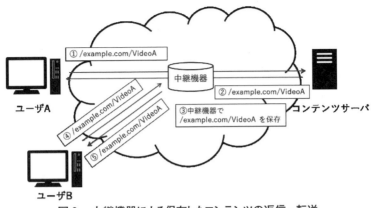

図2　中継機器による保存したコンテンツの返信・転送

　コンテンツ指向ネットワークは、上述のコンテンツ名によるコンテンツ要求を行うことに加えて、もう一つの大きな特徴をもっている。ホストが要求されたコンテンツをユーザーに返信・転送する際に、ネットワーク内の途中の中継機器でもこのコンテンツを保存しておく。他のユーザー(あるいは同じユーザー)から同一のコンテンツが要求された際には、ネットワーク内の中継機器が保存したコンテンツをそのユーザーに返信・転送する。これにより、他のユーザー(あるいは同じユーザー)の同一コンテンツに対する要求から取得までの遅延時間が短縮されることになる。ネットワーク内の中継機器が保存したコンテンツをユーザーに返信・転送する例を図2に示す。

　図2では、ユーザーAが要求したコンテンツ「/example.com/VideoA」に対し(図2の①)、ホスト(コンテンツサーバー)がそのコンテンツをユーザーAに返信・転送する際に(図2の②)、ネットワーク内の途中の中継機器はそのコンテンツを保存する(図2の③)。その後、ユーザーBがそのコンテンツ「/example.com/VideoA」を要求した際に、そのコンテンツを保存している途中の中継機器がユーザーBに返信・転送する(図2の④と⑤)。

▶ **新世代ネットワーク**

　現在、インターネットの次の新たな世代のネットワーク(「新世代ネットワーク」と呼ばれる)に関する多くの議論が行われている。コンテンツ指向ネットワークは、この新世代ネットワークの構成技術の一つとして、多くの研究が進められており、これからの情報通信基盤となることが期待されている。実稼働するコンテンツ指向ネットワークに興味がある場合は、米国PARC Inc.によりCCNxと呼ばれるコンテンツ指向ネットワークのプロトタイプ実装がオープンソースとして公開されているので、誰でも実際に稼働させることが可能となっている。

　花田　真樹(はなだ　まさき)…総合情報学部総合情報学科情報システム学系准教授／専門分野：情報通信ネットワーク工学

第2章　情報×セキュリティー

1. ネットワークセキュリティーの今
〜便利と安全の間で〜

井関　文一

▶社会インフラとなったインターネット

インターネットは、社会の隅々にまで張り巡らされて、欠くことのできない社会インフラの一つとなっている。それに伴い最近では、ネットワークのセキュリティーの話題も耳にすることが多くなっている。取り分け2018年初頭に発生した仮想通貨の流出事件は、社会に大きな影響を与えた。

かつてインターネットがそれほど普及していなかった時代では、インターネットに接続しようと思ったら、それ相応の勉強をしなければならなかった。技術はもちろん、マナーやセキュリティーについても一定以上の知識がなければインターネットを利用することはかなわなかった。ところが、インターネットが電気や水道と同様に一般的な社会インフラとなった現代では、ネットワークについての知識が無くても誰でも簡単にインターネットに接続できるようになった。このことはインターネットユーザーの技量の低下、マナーの低下、さらにはセキュリティー知識の欠如を招いている。

▶ソーシャルエンジニアリング

映画や漫画のように、厳重に構築されたネットワーク防御を技術的に真正面から破ってクラッカーがシステム内に侵入することは、実はほとんどない。通常はいわゆるソーシャルエンジニアリングなどの人為的ミスによって侵入されることがほとんどである。

人間をシステムの一部と見なしたとき、人間はシステムの最も危ういパーツとなり得る。その人間を物理的な手段で攻撃するのが情報学にお

けるソーシャルエンジニアリングである。物理的な手段と言っても、暴力のことではない。人をだましたり、相手の隙を突くなど、人間のちょっとした油断や判断ミス、思い込みなどを利用して情報を手に入れ、その情報を利用してシステムを攻撃するのである。例えば、電話によるオレオレ詐欺や金くれ詐欺もソーシャルエンジニアリングの一種である。さらに、人間によるシステムの設定ミスや操作ミス、判断ミスなども考えれば、全体的に見て人間が絡む箇所がシステムの最も弱い箇所であると言える。前記した仮想通貨の流出事件も管理体制の不備が原因の一端であるといわれている。

▶利便性と安全性

システムにおいては、「利便性と安全性はトレードオフの関係にある」と言われている。トレードオフとは言わばシーソーのような関係である。これはシステムが便利になればなるほど安全性は低下し、安全性を十分に確保しようとすると使い勝手が悪くなるということであり、便利さと安全性は両立しないということである。

通常は、システムごとに利便性と安全性を考慮し、適切な点でバランスを取るようにする。しかし、一般的なユーザーは便利さのみに気を取られ、危険性については十分考慮しない場合が多い。

無線LANについて例を挙げる。無線LANは非常に便利なシステムであるが、家庭内で使用する場合は、無線LANルーターの設定をきちんと行わないと、簡単に第三者に通信内容が盗聴される危険性があり、家庭内の無線LANルーターを経由されることによってネットワーク犯罪の踏み台として利用される場合もある。セッションIDの隠蔽（ステルス化：アクセスポイントがセッションIDを周囲に送信しないモード）やMACアドレスによる接続制限を掛ける場合もあるが、これはセキュリティー的に見れば全く意味がないといってよい。

セッションIDをいくらステルス化していても、通信を盗聴されればセッションIDは簡単に分かってしまうし、MACアドレスも盗聴可能で、かつ偽装も容易に可能である。従って無線LANでセキュリティーを維持する

ためには必ず暗号化を行い、暗号にはAESを使用し、事前共有キー(パスワード)は十分な長さのものを指定する必要がある。暗号にWEPを使用するのは論外であり、TKIPも現在では使用しない方が良い。WEPは2002年ごろからその脆弱性(簡単に暗号が解けてしまう)が指摘されていたにもかかわらず、最近まで使用され続けてきた(今日でもまれに使用しているアクセスポイントがある)。自分の家にある無線LANルーターの暗号化方式が何であるか明確に言えない場合やそもそも暗号化しているかどうかも分からない場合は、ぜひ一度無線LANルーターの設定をじっくり見直す事を勧める。

▶「便利」に潜む危険性

　一方、最近では街中にも多数の公衆の無線LANアクセスポイント(ホットスポット)があり、誰でも自由に使えるようになっていることが多い。しかし、街中で不特定多数の人が利用可能なアクセスポイントは、ほとんどが暗号化されておらず、通信内容そのものがHTTPSなどで暗号化されていない場合は、第三者が容易に通信内容を傍受することが可能である。例えば、若者がよく使用しているLINEも端末側で暗号化のオプションをオンにしない場合は、近くにいる第三者にLINEの通信内容を盗聴される恐れがある。

　公衆の無線LANアクセスポイントが暗号化されていないのは、暗号化するのに手間や費用が掛かるからであり、安全性を無視して利便性を上げているためである。このようなアクセスポイントは面倒でも802.1x規格を用いて暗号化する必要がある。しかし、これらの事を認識しているユーザーはほとんどいないといっても過言ではなく、逆にこれらのアクセスポイントを歓迎して使用するユーザーが多いのが現状である。

　以上の事柄からも、たとえ一般ユーザーといえども、インターネットを使用する場合は、必要最低限の知識を身につける必要がある。例えば電子メールに添付されて送られてくるウイルスについても、ファイルの拡張についての基本的な知識があれば、特別なワクチンソフトを導入していなく

とも多くの場合は感染を未然に防ぐことが可能である。

　インターネットは非常に便利なツールではあるが、「便利なものには危険性がある」と言うことを念頭に置いて、常にさまざまな情報に注意しながら使う必要がある。

井関　文一（いせき　ふみかず）…総合情報学部総合情報学科情報システム学系教授／専門分野：ネットワークアプリケーション，応用画像処理

2. 音に情報を隠す技術
～音による人に優しい社会の実現～

西村　明

▶音声のバリアフリー

　バリアフリーという言葉は、社会生活に参加する上で、生活の支障となる物理的な障害や精神的な障壁(バリア)を取り除くための施策や設備として、広く使われている。コミュニケーションにはさまざまな媒体が用いられるが、人にとって最も重要なコミュニケーション媒体である音声にも、バリアが存在する。異なる言語のみを話す人同士には、相手の言っていることを理解できないという言語のバリアが存在する。また、お年寄りになると耳が聴こえにくくなる、という聴こえのバリアも存在する。

　海外から日本への旅行者は、2016年には2,400万人を超え、さらなる増加が見込まれている。また国内の65歳以上の高齢者人口率は、2016年には27%であるが、2045年には37%となる予測であり、今後も継続して増加する見込みである。つまり、コミュニケーションにおける言語のバリアと聴こえのバリア(これらを総称して音声バリアとよぶ)は、今後さらに拡大する。

　これら音声バリアを取り去るために、多くの研究者たちが長年かけて取り組んできた技術が、音声認識、自動翻訳、そして補聴技術である。最近では、スマートフォンやパソコンで動作する音声認識や自動翻訳のアプリが無料で公開されており、数年前に比べるとその性能が格段に向上している。しかし、騒音と音声が同じくらいの大きさでうるさく聴こえる状況や、複数の人が同時にしゃべっている状況では、聴こえの正常な人はそれほど苦労せず聞き取れても、音声認識や自動翻訳では十分に機能しない。また、うるさい場所や複数名との会話においては、補聴器を使った聞き取りの改善も十分とは言えない。

60　　第1部　情報社会の課題に挑む

▶音に情報を隠すバリアフリー利用

　とりわけ、災害や事故の際の避難情報を、アナウンス音声や放送音声によって、どのように言語や聴こえのバリアを取り去って伝達するか、つまり音声のバリアフリー化が、課題となっている。東日本大震災も含め大規模災害時には、防災無線放送と呼ばれる、広域にスピーカーで避難誘導音声を伝えるシステムが使われているが、複数のスピーカーからの遅延音や、天候によって、明瞭によく聞こえないという声も上がっている。

　著者が手がけている“音に情報を隠す”音響情報秘匿（オーディオ・インフォメーション・ハイディング）研究は、この音声バリアフリー問題に対するひとつの解決手段を提供している。広域放送のスピーカーから再生されるアナウンス音声に、その内容に応じたディジタル情報コードを聴こえにくい形で隠して、スピーカーから再生する。スピーカーから再生された情報秘匿済み音声を、スマートフォンなどの情報端末のアプリで検出し、検出した情報パターンに応じた文章をその画面に表示する。例えば、避難先である「建物の中」をコード00に割り当て、「高台」をコード01に、「地下」をコード10に割り当てたとする。スマートフォンのアプリが、そのアナウンス音声から検出した情報が 01 の場合、画面に「高台へ避難してください」というメッセージが表示される。アプリを英語モードにすると画面には「Evacuate to a hill」と表示される。もちろん、対応する他の言語のメッセージも用意しておく。このように放送されるアナウンスの内容は1,000パターンも想定しておけば十分であり、10ビットの情報量で表現できる。

　緊急地震速報に代表される緊急速報メールは、広域に避難情報を伝達できるが、携帯電話通信網が不能になるような大災害が無いともいえない。音に情報を隠す技術を利用するためには、情報端末が手元に必要となるが、新たな通信設備の追加は不要であり、緊急速報メールとは逆に、音声が届く範囲のみに限った利用ができる。つまり、情報秘匿済み音声アナウンスをあらかじめ用意しておき、それを既存の何らかのスピーカー放送システム（救急車やパトカー、構内放送のスピーカーからでも構わない）から再生することによって、それが聴こえる範囲に居る、そ

第1部　情報社会の課題に挑む　　*61*

の内容を理解できる人、内容が理解できない訪日外国人、また難聴でよく聞こえない人へも、同じ情報を呈示できる。まさに音声による音声のバリアフリーが実現されることになる。音声信号1秒あたり3ビットの情報を秘匿してスピーカーから再生すると、スピーカーから数百メートル離れて、会話音や雑音などがそのアナウンス音声と同程度の大きさで聴こえる場所でも、90%以上の確率で秘匿情報が検出できることが、シミュレーション実験で分かっている。4秒弱のアナウンス毎に繰り返し同じ情報を秘匿しておけば、より確実に秘匿情報を検出できる。

　ではどのようにして、音に情報を聴こえないように隠すことができるのだろうか。これはかなり専門的な話になるのだが、簡単に説明してみよう。音は時間に伴う強弱の変化をもっている。その強弱よりも弱い、別の強弱変化の繰り返しパターンを与えてやると、人間の耳にとって、新たに加わったその弱い強弱変化を聴き取ることは難しい。この強弱変化の繰り返しとして複数のパターンを用意しておき、どのパターンを使って強弱変化を与えるかによって情報を隠しているのである。マイクで拾った音からは、その弱い強弱変化の繰り返しパターンを何度も重ね合わせることで、そのパターンを強調して浮かび上がらせ、どのパターンなのか、つまりどの情報が隠されているのかを検出する。

▶公共交通機関やエンターテインメント、さらに広がる利用
　音に情報を隠す技術は、避難誘導のための音声放送だけでなく、音声アナウンスを使用する日常の場面や、映画・演劇といったエンターテインメントにおいても活用できる。たとえば、交通機関、空港や駅のホーム、列車内で聴こえる運行状況を伝える音声アナウンスも、バリアフリー化できる。

　行き先表示や車内電光掲示には、英語表示も併用されるようになってきたが、それ以外の多くの言語にも対応することは情報呈示量が膨大になるため実現困難である。そこで、行き先や発着時刻の運行情報を音声アナウンスに秘匿して放送すれば、訪日外国人や難聴のかたはスマートフォンでアプリを動作させることで、その情報を確認できる。

映画や演劇の字幕表示は、バリアフリーの一例だが、さまざまな言語に同時に対応させることは、表示領域の制限や設備の関係上困難である。そこで、映画や演劇の音声あるいは背景音楽に、字幕表示タイミングの情報を秘匿しておけば、手元のスマートフォンで好みの言語の字幕を確認しながら、映画を鑑賞することができる。また、視覚障碍者のための映像を説明するナレーションも、上映・上演中のタイミングに合わせて再生できる。つまり、観客の手元のスマートフォンで情報を表示・再生をするタイミングが、音に隠された情報でコントロールできるわけである。このようなバリアフリー字幕表示システムは、すでにいくつかの映画や演劇の上演において実現されている。

さらに、CM放送や店内放送の音楽にクーポンコードや商品の情報を秘匿しておけば、お客の持っているスマートフォンにその情報を検出させて、商品のWebサイトを開いて誘導することや販売促進につなげることもできる。現在はQRコードに代表される画像コードを、カメラで撮影して情報を検出することによって、同様な顧客誘導が行われている。しかし、音に情報を隠すことで、カメラを無味乾燥な画像に向けて撮影する必要なしに、アプリを立ち上げるとすぐに音から情報を検出して、実空間とサイバー空間とを結びつけることができる。

もともと、この音に情報を隠す技術は、ネット配信される音楽に購入者情報を秘匿することで、ネットに氾濫する違法コピーや違法ネット配信を検出して防ぐという、著作権管理に用いられる技術であった。著者もその研究を行っていたが、国からの科学研究費を得たことで、スピーカーから再生する音に情報を隠して、検出できる技術へ発展させることができた。現在では、上述したようなさまざまな応用が広がり、企業との共同開発を経て実社会での利用も広がりつつある。情報を活かして新しい未来を切り拓く現代実学主義のもと、このような安心・安全かつ人に優しい社会の実現に貢献していく技術を、今後さらに発展させていきたい。

西村　明（にしむら　あきら）…総合情報学部総合情報学科社会情報学系教授／専門分野：聴覚心理学、音響情報処理

第1部　情報社会の課題に挑む　　63

3. 「情報セキュリティー」って何だろう

中尾　宏

▶情報の機密性、完全性、可用性

　「私たちがインターネットやコンピュータを安心して使い続けられるように、大切な情報が外部に漏れたり、ウイルスに感染してデータが壊されたり、普段使っているサービスが急に使えなくなったりしないように、必要な対策をすること。それが情報セキュリティー対策です」総務省は、国民のための情報セキュリティーサイトの「安心してインターネットを使うために」で、情報セキュリティー対策をこのように説明している。

　一般的に情報セキュリティーとは、「正当な権利を持つ個人や組織が、情報や情報システムを意図通りに制御できること」であり、情報セキュリティーマネジメントの国際標準であるISO/IEC17799では、情報セキュリティーを「情報の機密性、完全性、および可用性の維持」と定義している。

　情報の機密性とは、情報の漏洩を防ぐために情報へのアクセスを認められた者だけができる状態を保つこと。完全性とは、情報が破壊されたり、不正に改ざん又は消去されないために、情報や情報処理が、正確で完全である状態を保つこと。可用性とは、情報へのアクセスを認められた者が、必要な時に中断することなく情報や情報システムにアクセスできる状態を確保することをいう。

▶情報を脅かすのは誰

　コンピュータがいつから、どのように使われるようになったかについては諸説あるが、当初、その多くが電子計算機室と呼ばれる外部から遮断された部屋の中に全ての機器が設置され、特別な教育を受けた限られた人たちだけが、触れることができた。情報や情報システムを安心して

64　第1部　情報社会の課題に挑む

使う為の情報セキュリティー対策は、プログラムやデータが記録された機械設備としてのコンピュータの環境を維持することが中心であった。機器を破壊するような行為はもとより、仮にプログラムに細工をして不正を行ったとしても、あるいは、プログラムミングミスや誤操作などうっかりミスをしても、誰が行ったかは容易に突き止めることができた。

ところが近年、コンピュータはPCやタブレット、スマートフォンにかたちを変え、誰もが気軽に操作できるようになり、インターネットの普及によって、離れた場所にいても不特定多数の相手とさまざまな情報をやり取りすることが日常的に行われるようになった。

IT社会の進展は、企業や組織ばかりか、個人でも情報システムを活用する対象が飛躍的に多様化、高度化し、社会を一変させた。一方、誰が、どこで、どのような情報のやり取りをしているのかを特定することが困難な状況になり、情報を脅かす犯罪者である"見えない誰か"を相手の犯罪対策としての情報セキュリティー対策は、高度化、複雑化を増している。

▶犯罪防止に心理学

心理学を応用して犯罪防止に効果をあげた例として、米国ニューヨーク市のジュリアーニ市長（在任1994〜2001年）が実践した「割れ窓理論（ブロークンウインドーズ理論）」が広く知られている。

割れ窓理論は、米国の犯罪心理学者ジョージ・ケリングが提唱した「窓ガラスを割れたままにしておくと、その建物は十分に管理されていないと思われ、ごみが捨てられ、やがて地域の環境が悪化し、凶悪な犯罪が多発するようになる」という犯罪理論である。

重大な犯罪を抑制するためには、軽度な犯罪から取り締まることで、犯罪全般を抑止できるとするもので、ジュリアーニ市長が地下鉄の落書きなどを徹底的に取り締まった結果、殺人・強盗などの犯罪が大幅に減少し、ニューヨーク市の治安回復に劇的な成果をあげたとされるものである。

第1部　情報社会の課題に挑む　　65

▶情報セキュリティーに心理学

情報システムを取りまく脅威が、ますます高度化、多様化するなか、悪意の第三者によるコンピュータへの侵入や情報の盗難、データの改ざんなど、被害に遭う危険性が高まっている。攻撃者の手口も巧妙化し、人間の心理的な隙や行動のミスにつけ込む手法、いわゆる"Social Engineering"を利用するまでになってきた。

このような攻撃に対して、近年の暗号や個人認証、セキュリティーソフトの開発などの技術的対策や通信設備や防犯装置などの物理的対策だけで解決することは非常に困難であり、企業の経営者、システム管理者や管理職は、組織の情報セキュリティーをより強固にするために、ITに関する調査研究はもとより、人に着目して攻撃者の動機、組織の脆弱性を考慮することが強く求められている。

近年、従来の情報セキュリティー対策を飛躍的に向上させる解決策の一つとして、攻撃者、利用者など人に着目し、情報セキュリティーに心理学を応用する研究に期待が高まっている。

中尾　　宏(なかお　ひろし)…総合情報学部総合情報学科社会情報学系准教授／専門分野：経営情報システム論

4. サイバーセキュリティー人材を育てる

布広　永示

▶研究の背景

　東京情報大学では、企業の現場で起きている問題を活用して実践的な技術を学ぶことが情報セキュリティー人材の育成に欠かせないという考えの下、株式会社日立システムズと連携し、セキュリティーに関する人材育成やサイバーセキュリティーに関わる研究活動に取り組んでいる。そうした中で、2017年4月に東京情報大学は、情報通信機器を活用して地域ケア・医療を推進する研究拠点として「遠隔看護実践研究センター」を開設し、「看護と情報」を融合した研究・教育を開始した。医療は病院完結型から地域包括ケアシステムの構築へとシフトしつつあり、人々の健康を守る看護職には、これまで以上に情報活用・発信力が求められるほか、患者のプライバシー保護や医療データの適切な情報管理、さまざまな医療機器に対するサイバー攻撃への対応やリテラシーの向上も必要となっている。このような背景から、セキュリティーインシデントの兆候解析やサイバー攻撃の検出手法の研究、情報セキュリティー人材の育成に加え、看護学生に対する情報セキュリティーのリテラシー教育を行うほか、医療分野におけるサイバー攻撃の潜在的な問題抽出や防衛策の研究を進めている。

▶人材育成について

　サイバーセキュリティー人材の育成に関する産学連携の取り組みとして、特別講義「ITシステムセキュリティー・インシデントレスポンス概論」などの開講やセキュリティーコンテストへの参加を行っている。

1）特別講義の開講

　サイバーセキュリティーに関する教育には、実際にどのような手口でサ

図1　特別講義「ITシステムセキュリティー・インシデントレスポンス概論」の講義風景

イバー攻撃が行われ、それに対してどのような防御を行ったらいいかといった、実際に起きた事例などを分析・研究し、教育素材として蓄積していくことが必要である。本講座では、サイバー攻撃を受けた際の行動や考え方などに関する実践的な内容を解説すると共に、現場で発生したインシデント対応のノウハウを演習形式で取り入れ、即戦力となる学生の育成を目指している。

2）セキュリティーコンテストへの参加

　高いレベルのセキュリティー対策の場を学生に経験させるために、特別講義の受講者から選抜した学生メンバーと企業メンバーで構成する合同チームでMWS Cup（コンピュータセキュリティーシンポジウムが主催するマルウエア解析の競技）やSECCON（経済産業省主催の学生向けセキュリティーコンテスト）に出場するなどの活動に取り組んでいる。

▶研究活動について

　サイバーセキュリティーの人材育成の成果として、学部生・大学院生の中では、情報セキュリティー技術だけではなく、関連する情報技術に関する興味が向上し、研究活動の活性化が進んでいる。研究活動としては、サイバー攻撃の兆候を解析する「セキュリティーインシデント兆候解析システムの研究」、検出されたマルウエアの振る舞いを解析する「マ

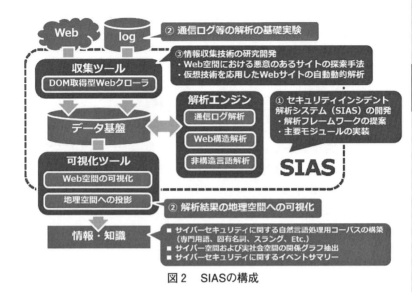

図2　SIASの構成

ルウエア検知手法の研究」を中心として、自然言語処理、知識情報処理、可視化処理など、情報分野で注目されている研究も進めている。また、医療分野における情報セキュリティーの研究活動として、①医療分野を対象とした情報セキュリティーのリテラシー教育の現状調査、②医療分野におけるサイバー攻撃の潜在的な問題抽出と防衛対策の実態調査、③医療分野におけるサイバー攻撃への対処能力向上のための教育プログラムの研究を進めている。

▶セキュリティーインシデント兆候解析システムの研究

本研究では、Webサイトの情報からサイバーセキュリティーに関連したインシデントの兆候を解析することに注目し、Webクローラによるデータ収集と自然言語処理を主体としたデータフロー型解析フレームワークであるSIAS(Security Incident Analysis System)を開発している。SIASの目的は、過去のサイバーセキュリティーインシデント情報(サーバー攻撃日時、被害を受けた企業の製品発表などのイベント情報、攻撃前後の株価などの変動など)からサイバー攻撃が発生する要因を分析し、今後

発生すると想定されるサイバー攻撃の兆候を予測することである。SIASの構成を図2に示す。

　SIASの主要な機能は次の三つである。
（1）データ収集機能（図2　収集ツール部）
　Webサイトから、セキュリティーに関連する情報を収集する。
（2）データ解析機能（図2　解析エンジン部）
　自然言語処理や機械学習などによって、収集したデータの文章構造を解析し、「誰が」、「何の目的で」、「いつ」、「どこで」、「何をした」などの情報を抽出する。
（3）解析結果表示機能（図2　可視化ツール部）
　サイバー攻撃の発生時期や発生場所、攻撃と社会的変化との関連性などが分かるように解析結果を可視化する。

▶**今後の研究について**
　Webサイトの大規模な情報（ビッグデータ）から、価値のある情報を抽出するために必要な自然言語処理や抽出したデータを解析するために必要な機械学習などの研究を進め、解析精度を向上させる。また、産学連携に関しては、企業と大学間での循環的な教育環境の整備、関連技術に係る横断的な技術教育、サイバーセキュリティーを中核とした情報技術に関する研究開発を進めていく。

布広　永示（ぬのひろ　えいじ）…総合情報学部総合情報学科情報システム学系教授／専門分野：情報処理学，計算機工学

5. あなたのWeb閲覧は 記録されている

鈴木　英男

　Amazon、楽天、YahooショッピングなどのWebサイトで買い物や検索した場合、それらのサイトでは、あなたの購買履歴、検索履歴を記録している。それらを記録するときに個人特定のために使われているのがクッキーと呼ばれる技術である。ここでは、クッキーとはどういうものか、クッキーへの対策、クッキー以外の記録する技術について述べる。

▶クッキーとは

　クッキー（cookie）とは、Webサイトがクライアントコンピュータ（以下、コンピュータと略す）に預けておくテキストファイルのことである。ここで、コンピュータとは、パソコン、タブレット、スマホ、ガラケーなどWebブラウザが搭載されている全てのものを指している。

　コンピュータが、あるWebサイトに初めて接続した際に、Webサイトがコンピュータの中に、そのWebサイト専用のクッキーファイルを作成する。そして、次回、コンピュータがWebサイトに接続したとき、WebブラウザがそのクッキーをWebサイトに送信する。このような仕組みによって、Webサイトは、個々のコンピュータが前回使用していた情報を読み取ることができる。クッキーには、Webサイトの方針次第でどのような情報でも格納することができる。ここでいうWebサイトとは、正確には、Webサーバにある各Webページを指している。

　FirefoxというWebブラウザでは、LightbeamというAdd-onソフトにより、どのクッキーがどのクッキーと連携しているかを線で結んで図示してくれる。図1は、筆者が試験的に約3カ月半の期間、1283個のクッキー（図中の○）と、2728個の第三者クッキー（図中の△）をコンピュータに保存しているのを示している。ここで、1283個は筆者が実際に訪問した

第1部　情報社会の課題に挑む　*71*

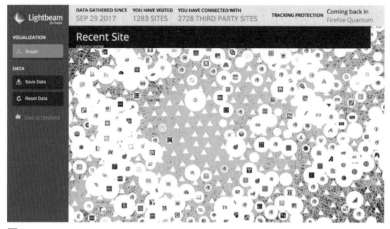

図1

Webサイトのクッキーであり、2728個の第三者クッキーとは、訪問したWebサイトが提携している広告サイトのクッキーで、実際には訪問していないサイトのクッキーである。

▶クッキーへの対策

　クッキーには、Webサイトの方針次第でどのような情報でも格納することができると書いたが、実際にはどのような情報が記録されているのか見てみよう。セッションID、IPアドレス、名前、ユーザーID、パスワード、メールアドレス、住所、電話番号などの個人情報、ショッピングサイトなどで購入する商品を一時的に保管する"買い物かご"の情報などを記録することができる。何も個人情報を逐一クッキーに保存せずとも、Webサイト側に記録しておけば良いような個人情報もあるが、配慮のないWebサイトでは個人情報複数をクッキーに記録してしまうことがよくある。

　ここで基本に戻って、ユーザーがWebブラウザで閲覧や買い物する際に、接続しているWebサイトがセッションID、IPアドレスを取得するのは避けられないことである。その他の情報は、ユーザーが入力しない限りWebサイトに取られることはないし、クッキーに記録することもない。個

人情報を抜く目的で、懸賞サイトを運営しているWebサイトもたくさんあるので、怪しいWebサイトでの個人情報入力は避けるべきである。

　ショッピング用のWebサイトなどでは、2回目の訪問時に自動ログインできるようにクッキーを保存できるサイトがある。これは、自分のクッキーに、ユーザーID、パスワードを保存することになり、第三者サイトがこのWebサイトのクッキーを読み込む可能性を作ってしまうので注意が必要である。自動ログインは、Webサイトのクッキーではなく、WebブラウザのID、パスワード保存機能を使用した方が安全である。

　以上述べたことは、個人情報漏えいのきっかけとなりかねないので注意が必要である。ショッピング用のWebサイトを例にあげたが、実は、どのようなWebサイトでもクッキーの問題は起こりうることである。パソコン、タブレット、スマホのほとんどのブラウザでは、クッキーを削除する機能がついているので、時々クッキーを削除するのが望ましい。クッキーを保存しないプライベートブラウジングモードを備えるWebブラウザを利用する方法もあるが、クッキーを保存しないと利用できないWebサイトもあるので、通常モードとの切り替えが面倒というデメリットもある。

▶クッキー以外の記録する技術

　Youtubeなどの動画をコンピュータで観る人も多いと思う。Webブラウザで動画をみるとき、これまではFlashという技術を利用してきた。Flashはコンピュータを外部からコントロールできてしまうような大きなセキュリティー問題が度々発生し、その度にアップデートを加えて解決してきた。2012年にHTML5+Canvasという新しい技術が登場し、Flash技術を使わずに、動画をみることができるようになった。この本の「ドローン操縦士を目指そう」の章の図は、HTML5+Canvasで描かれている。実は、このHTML5+Canvasは便利な長所とともに、利用しているコンピュータの内部情報を収集できてしまうというデメリットを生んでしまった。何がデメリットかというと、訪問しているWebサイトにより内部情報（UserAgent、ACCEPTヘッダ、画面の解像度、タイムゾーン、プラグイン、フォント）が収集できてしまうと、各コンピュータの内部情報の違いにより、個人が

第1部　情報社会の課題に挑む　73

特定できてしまう指紋（Fingerprint）となり得るのである。これは、クッキーに代わる指紋による新しいプライバシー問題となっており、英国BBC、米国NBCもニュースにしている。これを避けるFireGlovesという指紋を毎回変化させるAdd-onソフトもあるが、画面が崩れてしまうという理由で、Firefox非推奨となってしまった。まだ決定的解決策はないので、早急に解決していく必要がある。プライバシーには十分注意し、個人情報の入力は必要最低限にし、クッキーは時々削除されることを勧める。

鈴木　英男（すずき　ひでお）…総合情報学部総合情報学科情報システム学系教授／専門分野：安全工学, ドローン, プライバシー, 暗号, 符号

第3章　情報×科学

1. ビッグデータとスモールデータ
〜統計学の役割〜

内田　治

▶ビッグデータとスモールデータ

　ビッグデータとは通常の管理システムでは記録、保管、解析が難しいような巨大なデータの集まりのことで、どれぐらいの量があればビッグデータと呼ぶのかという明解な定義はまだ存在しない。ただし、たとえば、日本人の身長のデータが10万人分ありますというようなときに、それをビッグデータとは言わないであろう。身長という一種類のデータが大量にあるだけではビッグデータではなく、さまざまな種類のデータが大量に、かつ、逐次更新されるような大量のデータをビッグデータと呼んでいる。

　このビッグデータの反対がスモールデータと考えると、スモールデータは文字通り少量のデータの集まりであり、勝手に定義するならば、10,000以下の大きさのデータ量と考えるとよいであろう。ただし、統計学の世界では、データ量の大きさによって、小標本と大標本に分けて議論する習慣がある。この場合には明確な区切りがあり、30未満を小標本、30以上を大標本と呼んでいる。小標本と大標本では、統計学を背景としたさまざまな計算方法が変わるのである。

▶統計学の役割

　ビッグデータであろうが、スモールデータであろうが、それらのデータを解析するための方法は統計学を背景にした処理方法が基本となる。したがって、データを分析するという仕事をする人たちにとっては、統計学の知識は必要不可欠なものである。

　統計学は次のように大きく二つに分類されている。

　①　記述統計学

第1部　情報社会の課題に挑む　75

② 推測統計学

　記述統計学とは、データをグラフにする、平均値などを計算するなどの操作をして、単なる数値や文字の集まりから、ビジネスや学問の役に立つような情報を取り出すことを目的とした学問である。

　一方、推測統計学とは、一部のデータをもとにして、データを取り出した集団全体の様子を推測することを目的とした学問である。たとえば、テレビの視聴率調査は推測統計学の代表的な活用例である。昨夜、どのようなテレビ番組を見たかと、日本人全員に聞いているわけではないのに、視聴率30％などと示して、日本人の３割の人が見たと報告するのは、まさに、一部の人を調べて、全体を推測している典型である。これは作った料理の味見にたとえるとわかりやすい。スプーン１杯のスープを味わうだけで、スープ全体の味が好ましいかどうかを見ているのである。

　さて、最初に提示したビッグデータとスモールデータという分け方に統計学の分野を対応させると、ビッグデータの解析に役立つのが記述統計学、スモールデータの解析に役立つのが推測統計学と考えるとよい。なお、ビッグデータの解析には統計学に裏付けられた統計手法だけでは不十分で、機械学習と呼ばれる分野の方法も多用される。ただし、機械学習の手法の中には、統計学の手法に分類されるものもある。

▶データ解析の場面

　ビッグデータやスモールデータを統計学の手法や機械学習を使って処理する場面は、「状態の把握」、「未知の予測」、「原因の追究」、「集団の比較」、「集団の分類」の五つに分けることができる。そこで、この五つの具体的な場面を紹介していこう。いま、学生1,000人の英語の試験の成績を処理することを考える。このようなときに最もよく行われる統計処理は1,000人の平均値を求めるという作業である。平均値を求めることにより、学生という集団の状態を平均値という一つの数値で把握しているのである。これは「状態の把握」という場面になる。さて、英語の成績から数学の成績を予測する、あるいは、来年の英語の成績を予測するということを行うのが「未知の予測」である。

また、英語ができる学生とできない学生がいるのはなぜかというように、英語の成績をもたらす原因を探るためにデータを分析するのが「原因の追究」である。

　今度は、学生を男女に分けて、男子学生の英語の成績と、女子学生の英語の成績を比べるということを考えてみよう。このような場面では平均値がよく使われるが、男子学生の平均点が60点、女子学生の平均点が66点であったとしよう。6点の差がある。この6点の差に意味があるかどうかを分析するというのが「集団の比較」という場面である。このときに、統計学の手法を使うと、この差に意味があるかどうかを判断することができる。差に意味があるというのは、誤差の範囲を超えているということであり、意味がないというのは誤差の範囲内であるということになる。一方、1,000人の学生を英語の成績で二つ以上のグループに分けるということを考えるとしよう。それは「集団の分類」という場面になる。

　以上のように、統計学の手法はさまざまな場面で使われており、データを分析するときの道具になるのである。

内田　　治（うちだ　おさむ）…総合情報学部総合情報学科数理情報学系准教授／専門分野：統計学品質管理

2.「ビッグデータ」っていったい何だろう

吉澤　康介

▶ビッグデータとは

ICT（情報通信技術）の発展により、日々、膨大なデータが生成されている。身近なところでは、無数のWebページやそのリンク構造、Googleなどで検索されるキーワードの統計、コンビニや交通機関で使う電子マネーの使用履歴、スマートホンから発せられるSNS情報など、多数の例が挙げられる。こういった膨大なデータは「ビッグデータ」と呼ばれ、企業や公的機関のデータベースに、日々、蓄積され続けている。そして、その「ビッグデータ」の分析法についての研究が進み、昨今では実用段階へと入りつつある。

▶コンビニの売り上げ

では、そもそも「ビッグデータ」というのは、どのくらい「ビッグ（巨大）」なのであろうか。 ちょっとした「試算」をしてみよう。

日本フランチャイズチェーン協会（http://www.jfa-fc.or.jp/）の資料によれば、2017年10月1カ月間の全国のコンビニの売り上げは、以下の表1のようになる。

さて、ここで考えてほしい。「あなた」の買い物が、どのくらいのデータ

表1　全国のコンビニの売り上げ（2017年10月一か月間）

店舗売上高	9,025億円
店舗数	55,341店
来客者数	14.7億人
客単価	617円

を生み出しているのだろうか?

コンビニのレジで会計をする時に、「ピッ!」とバーコードを読み取る。通称「POSレジ」と呼ばれるシステムである。その瞬間に、「どの店で」、「いつ」、「どの商品」が売れたのか、というデータが生成される。しかも、電子マネーやクレジットカードで支払えば、「誰が」買ったのかも記録される。オマケで付くポイントやマイルが欲しくて、カードやスマホで決済している人も多いでしょう。

この情報が、コンビニのレジから本社のコンピュータに送られ、蓄積されているのである。そのデータ件数は、来客者数と同じだとすると、毎月14.7億件。あくまでも単純計算であるが、年間で約176億件。なんと日本の人口約1億2,600万人の140倍となり、年間で140回コンビニに行っている計算になる。これが、典型的な「ビッグデータ」である。

コンビニ各社は、このデータを使って、店舗の在庫管理、売れ筋商品の分析、店の立地や気候や曜日と売上高の関係、そして、「あなた」の属性(年齢、性別、購入履歴)を分析して、将来どういう行動をしそうなのか、その予測まで行おうとしているのである。

店の側からすれば、これは、消費者の好みに合わせたよりよい商品・サービスを提供し、売り上げを伸ばすための有力な手段となる。一方で、我々の側からすると、なんだか自分のプライバシーをのぞき見されているようで、ちょっと不気味な感じがしないでもない。

▶ビッグデータの記録

もう一つ、考えてもらいたい事がある。このような「ビッグデータ」を記録しておくために、「いくら」かかるのであろうか? 要するに、コンピュータの記憶装置の値段である。

いま手元にスマホかパソコンがあるなら、「ハードディスク 値段」あるいは「SSD値段」(SSD:ソリッド・ステート・ディスク)というキーワードで検索してみてほしい。私がこの原稿を書いている2018年1月の時点で、3TB(テラバイト)のハードディスクが1万円前後で買えるようである。3TBは、3兆バイト。アルファベットや数字に換算すると、3兆文字分

図1　SSD

に相当する。

あくまでも「目安」に過ぎないが、先ほどのコンビニのデータが、1件で100文字ぐらいだとすると、年間データの文字数は次のようになる。

年間データ176億件　×　100文字　＝　1.76兆文字

何と、3TBのハードディスク1台、1万円で、1年間のコンビニの全売り上げデータ(そのかなりの部分は個人情報付き)が記録できてしまうのである。

きわめて大ざっぱな比較だが、この20年でハードディスクの容量は1,000倍になった。逆にいうと、値段は1,000分の1になった。コンピュータ全体の性能も、「だいたいそのくらい」向上している。

▶ビッグデータの時代

　その「すさまじい」としか言いようのないコンピュータの性能向上が、ネットの発達とも相まって、「ビッグデータ」の時代をもたらしたのである。このビッグデータの分析に際しては、統計学などの伝統的な数学的手法に加え、AI（人工知能）の活用などが着目されている。

　ここで重要なことは、「ビッグデータの分析」は、いわば「コンピュータの得意技」であるのに対して、その「結果の解釈」と「それに基づく提案」は、対象とする分野に関する深い知識と洞察力を有する「人間」の役割である、という点である。そういった、「AIを駆使できる」、そして「深い洞察力」を持った人材が、これから必要とされているのである。

　正直、なかなか大変な時代になったものである。

　しかし、もはや「後戻り」はできない。我々の日々の暮らしから生成されるビッグデータが、我々自身の生き方を左右する時代が、もう、すぐそこまで来ているのである。

吉澤　康介（よしざわ　こうすけ）…総合情報学部総合情報学科数理情報学系准教授／専門分野：情報工学，教育工学

3. データ・情報・データベース の違いって何だろう

藤原　丈史

　データや情報といった言葉は日常でもよく使われるが、あらためてその意味を考えることはあまりないだろう。その定義はいくつかあるが、データとは客観的な観測から得られた事実であり、ある目的に役立つデータが情報といえる。普段の何気ない生活の中でも、我々はたくさんのデータに触れ、そして情報としてそれらを活用していることになる。例えば、近年急速に広まったICカードを使えば電車に乗ったり、コンビニで買い物をしたり、ロッカーの鍵になったりと、便利でさまざまな使い方ができる。これらの行動はほぼすべてデータとして蓄積され、人々の行動予測や業務の効率化などに活用されている。このように近年になっての情報技術の発展により、多種多様で大量のデータが蓄積されるようになった。これはビッグデータと呼ばれ、さまざまな領域に活用することが注目を浴びている。つまり、データの重要性が近年ますます高まっているといえる。

▶**効果的にデータを管理する**

　そしてこの大事なデータを整理してまとめたものがデータベースであり、このデータベースを管理するシステムがデータベース管理システム（DBMS）である（一般的にはどちらもデータベースと呼ばれることが多い）。データベースの目的は効率的にデータを管理することであり、この効率的という意味ではさまざまな機能がある。例えば、データを無駄や矛盾なく管理したり、さまざまなアプリケーションや利用者からの大量のアクセスを処理したり、機器の故障といった万が一のときの安全性を確保するなど、必要不可欠な存在である。

　データベースには、データをどのような形で整理するかによってさまざまな形式がある。表計算ソフトのように縦と横の2次元の表でデータをまと

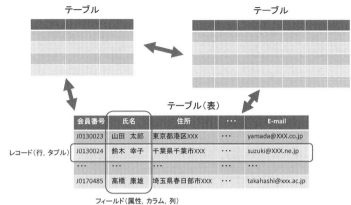

図1　リレーショナルデータベース（関係データベース）

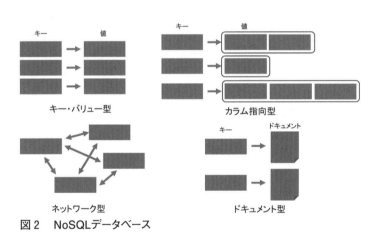

図2　NoSQLデータベース

めたテーブルを基本とし、複数のテーブル同士をつないでデータを表す形式がリレーショナルデータベース（関係データベース）である（図1）。現在において一番よく使われているデータベースである。特徴としては、2次元の表が基本であるため、業務などの現実のデータをそのままの形で表しやすいことや、SQL（構造化問い合わせ言語）という高機能な共通言語（プログラミング言語のようなもの）が用意されているので比較的簡単に利用できるといったものである。

▶ビッグデータへの対応

　しかしながら、最近の情報技術の発展によってもたらされた多種多様で膨大なデータであるビッグデータについては、従来のリレーショナルデータベースでは対応が難しくなってきている。リレーショナルデータベースではテーブルやテーブル同士の構造（スキーマ）をあらかじめきっちり決めておく必要があり、膨大で構造が時間とともに変わっていく可能性があるビッグデータには効率的ではないからである。そこで使われ始めたのがNoSQLデータベースである。NoSQLデータベースとは、SQLではないデータベース、つまりリレーショナルデータベース以外のデータベースという意味である。NoSQLデータベースはいくつもあり（図2）、例えばキー・バリュー型は、検索の鍵となるキーと、そのキーに対応する値のペアでデータを管理する形式である。特に機能という意味ではリレーショナルデータベースの方が優れている場合もあるが、構造がシンプルな分、その速度と柔軟性では優れていることが多い。また、近年の分散処理技術（複数のコンピュータをネットワーク上でつなげ複雑な計算などを分担して処理する技術）を活用する上では適した形式である。具体的な例としては、インターネット上のショッピングサイトでの商品のお勧め機能（レコメンデーション）が挙げられ、これには大量のユーザーの閲覧履歴・購入履歴といったビッグデータを分析した結果が利用されている。もちろんリレーショナルデータベースが完全に無くなるのではなく、それぞれ適した領域や範囲があるので共存する形でさまざまなデータベースが用いられている。

　以上、ビッグデータやデータサイエンスの台頭により、データに対する重要性はますます高まっている。したがって、それらを有効活用するためにも今後データベースは広く利用され、さらなる発展を遂げるのは間違いない。

藤原　丈史（ふじわら　たけし）…総合情報学部総合情報学科数理情報学系准教授／専門分野：計算機統計学

4．つながりを科学する

三宅　修平

　Webのリンク、インターネット、道路、伝染病、噂、水道管、人間関係、商売、政治などは「つながり」があって始めて存在する。

▶一筆書きの定理

　このような、「つながり」の研究はグラフ理論と呼ばれ、古くは18世紀の数学者・天文学者、レオンハルト・オイラー(*Leonhard Euler*, 1707-1783年)により、基礎的・理論的な研究が行われた。1936年オイラーは図1（左）[1]のような、ケーニスベルクという川と島の町において、どの橋も2回以上通ることなしに図1のような七つの橋すべてを渡ることができるか。という問題に取り組んだ。この問題を図1（右）のような点（頂点）と線（辺）として置き換えて単純化することができた。これがグラフ理論という研究分野の出発点となった。ここで頂点につながっている辺の数をこの頂点の次数と呼ぶ。

　この研究成果は、以下のオイラーの一筆書きの定理として証明された。

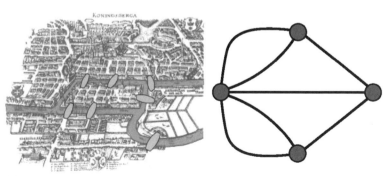

図1　ケーニスベルクという川と島の町とそのグラフ

連結[注1]なグラフGが一筆書きできるのは、次の条件（1）、（2）のうちのどちらかが成り立つときである。

（1）すべての頂点の次数は偶数である
（2）二つの頂点の次数が奇数でその他のすべての頂点の次数は偶数

この定理により、ケーニスベルクの町は、この2条件をいずれも満たさないので、どの橋も2回以上通ることなしに七つの橋すべてを渡ることはできないとした。

グラフ理論はオイラーの研究に続いて、多くの数学者が理論的研究を行い、またその応用として、キルヒホフによる電気回路の研究やケイリーによる有機物の構造異性体の研究にも拡張された。

▶スモールワールド。世界は意外と狭い

1967年社会心理学者のスタンレー・ミルグラム（*Stanley Milgram*）が1967年に行ったスモールワールド実験がおもしろい。ミルグラムはランダムに選んだオマハの160人に手紙を送り、マサチューセッツ州に住みボストンに勤務する株仲買人を最終受取人とするように、手紙をリレーするように依頼するというものだった。その結果、届いた手紙は平均約6人のリレーを経て目標人物まで届いたというものだ。その後、この仮説をもとに「六次の隔たり」という有名なフレーズが生まれた。このように、「世界は小さい」とか「世間は狭い」という認識は、人々の実体験から昔から語られていたが、これをミルグラムが実証した結果となった。

数学者の共著関係の研究も興味深い。ある数学者と論文の共著関係をたどってポール・エルデシュ（*Paul Erdős*）との距離を測った研究である。エルデシュ[注2]との共著論文がある数学者のエルデシュ数を1、またエルデシュ数nの人物との共著がある数学者のエルデシュ数を$n+1$とするということである。数学者・大道芸人・タレントと多彩な顔を持つピーター・フランクル（*Péter Frankl*）氏はエルデシュ数が1で6編の共著論文を持っている。数学者にとっては、このエルデシュ数が小さいほど名誉とされる。オークランド大学ではThe Erdos Number Project[2]と

86　第1部　情報社会の課題に挑む

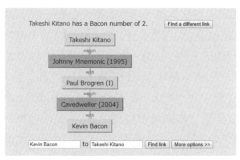

図2　北野武とケヴィン・ベーコンの距離

表1　Erdos数の分布

Erdos数	人数
0	1
1	504
2	6,593
3	33,605
4	83,642
5	87,760
6	40,014
7	11,591
8	3,146
9	819
10	244
11	68
12	23
13	5

いうプロジェクトが進行中で、Erdos数1、2、3、…を持つ人の数が示されている。この表1のErdos数の中央値は5で平均値は4.65である。

また、俳優の共演関係のネットワークについての研究もあり、ケヴィン・ベーコンとの共演を起点にして、その距離（Bacon number）[3]を測ることができる。これによれば、世界中の俳優は、映画での共演者、そのまた共演者を通してケヴィン・ベーコンとほぼ6人以内でつながることが実証されている。5次や6次の隔たりのある俳優を見つけるのは難しく、まして7次や8次以上の隔たりのある俳優は極めて困難である。因みに北野武を調べてみると、図2のように2つの作品を通じてBacon number 2を持っていることになる。

このように、数学者や俳優のグループといったより小さな共同体では、一般人よりも、更にコネクションが極めて密であることが垣間見える。

▶データサイエンスが拓く「つながりの科学」のこれから

本稿では、オイラーのグラフ理論の研究を起点に、主に人間関係のネットワークの世界について述べて来た。その結果、世界は思いにほか狭い！まさに、"It's a Small World"ということが、理解してもらえたと思う。

近年、ICT技術の発達により、パソコンレベルでも膨大なデータを取り扱い、高速計算が可能になってきた。また、インターネット技術やセンサー技術の発達により、大量のデータの収集・蓄積が可能となってきている。これらを背景として「つながりの科学」つまり「ネットワーク科学」の研究が急速に発達してきた。冒頭述べたように、この研究分野はデータサイエンスに関わるさまざまな分野への応用が可能であり、文理の枠を超えた無限の可能性を秘めているといっても過言ではなく、今後ますます注目されるものと期待している。

▶注
1) 連結とは、全ての頂点どうしが何本かの辺を通って行き来できることをいう。
2) 20世紀で最も多くの論文を書いた数学者

▶参考文献
1) https://de.wikipedia.org/wiki/K%C3%B6nigsberger_Br%C3%BCckenproblem
2) https://oakland.edu/enp/
3) https://oracleofbacon.org/

三宅　修平（みやけ　しゅうへい）…総合情報学部総合情報学科数理情報学系教授／専門分野：数値計算法, 社会ネットワーク分析

5. 数学と情報

伊東　杏希子

中学以降、長々と続いていく数学の授業。この章では、数学にとっての「情報」とは何かを、著者の知る範囲内で述べる。

▶**数学って何をしているのか？**

私たちは普段、インターネットやテレビ、新聞や本から明日の天気やスポーツニュースなど、知りたいことを知る。同じように、数式や図形、グラフから知りたいことを知るのが「数学」である（図1）。

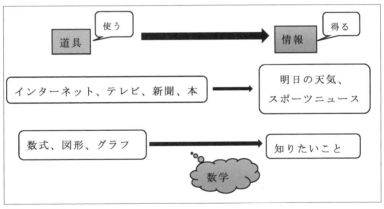

図1　数学とは

▶**数学にとっての「情報（＝ 知りたいこと）」とは何か？**

数学は、古代エジプト時代・古代ギリシャ時代など紀元前から存在している。羊や農作物の数を数える、田畑の広さやピラミッドの高さを計算するなど、日常生活に必要な情報を得ることが目的で始まった。時代が

経つにつれて、生活に必要な情報は、機械の仕組み、気象現象・経済の変動・惑星の動きの予測、…と複雑なものに変化していき、それに伴って、数学も難しくなっていった。現在では、SF・ゲーム・アニメの世界や宇宙空間がどうなっているのかを知ることができる、コンピュータのソフトウエアを創り出せるなど、直接目に見えないものの情報を得られるところまで、数学は発展してきている(図2)。

図2　数学にとっての「情報」

▶大学の数学の科目に何があるのか?

　大学の数学の科目は大きく分けて、代数・解析・幾何・統計の4種類がある。

　高校数学における「方程式」、「ベクトル」、「整数の性質」の単元を主に発展させたのが「代数」である(図3)。数式の計算を行うことが多いが、あみだくじやルービックキューブの仕組み、雪の結晶や和紙の模様の持つ規則性の解明、コンピュータのソフトウエアの開発など、日常生活にも大変役立つ。

　「関数」、「グラフ」、「微分積分」の単元を主に発展させたのが「解析」である。機械の開発や天気予報、経済の動きの予測において、解析学は必要不可欠である。

　「図形」の単元を主に発展させたのが「幾何」である。田畑の広さやピラミッドの高さの計算だけでなく、宇宙の解明やコンピュータグラフィックスの開発など、広い範囲で役立っている。

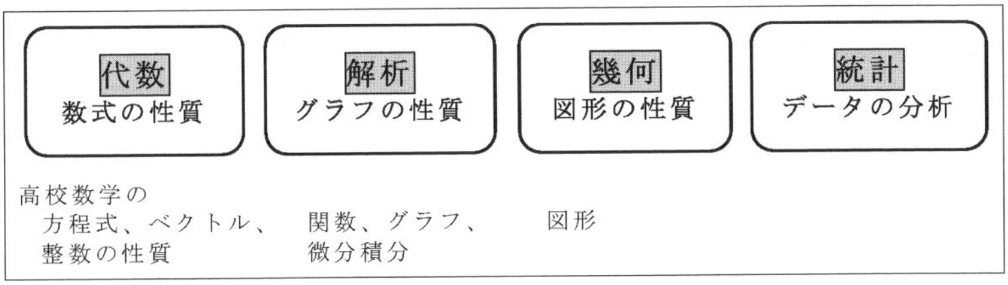

代数	解析	幾何	統計
数式の性質	グラフの性質	図形の性質	データの分析

高校数学の
方程式、ベクトル、　関数、グラフ、　　　図形
整数の性質　　　　　微分積分

図3　大学の数学の科目と高校の数学

▶数学で自分らしさを － あなたも今日からできる数学の研究 －

　数学の研究は意外と簡単にスタートできる。例を一つ紹介する。

$$\frac{1}{2} - \frac{1}{3} = \frac{1}{6} \qquad \frac{1}{3} - \frac{1}{4} = \frac{1}{12} \qquad \frac{1}{4} - \frac{1}{5} = \frac{1}{20} \qquad \frac{1}{5} - \frac{1}{6} = \frac{1}{30}$$

$$\frac{1}{\bigcirc} - \frac{1}{\triangle} = \frac{1}{\square}$$

〇と△にどんな数字を入れると、分数の引き算の答えが $\frac{1}{\square}$ の形になるか？

$$\frac{1}{\bigcirc} - \frac{1}{\triangle} = \frac{2}{\square}, \qquad \frac{1}{\bigcirc} - \frac{1}{\triangle} = \frac{3}{\square}, \qquad \frac{1}{\bigcirc} - \frac{1}{\triangle} = \frac{4}{\square}, \cdots \text{ では？}$$

　このような問いを考えること自体が数学の研究である。いろいろ計算してみることで、分数の計算の仕組みを深く知ることができる。

　ちなみに、著者の最近の目標は、代数（特に、整数の性質を探る整数論）・物理・幾何を一直線につなぐ公式を創り、整数の性質を数式ではなく絵から誰でも理解できるようにすることである。情報学の歴史の一つ「コンピュータグラフィックスの導入による数値シミュレーションの可視化」からヒントを得ている。

伊東　杏希子（いとう　あきこ）…総合情報学部総合情報学科数理情報学系助教／専門分野：整数論，シンプレクティック幾何学

第1部　情報社会の課題に挑む　*91*

6. あなたはその選択を変えますか?
～情報とモンティ・ホール問題～

矢作　由美

　米国で1960から1980年代にかけ、アメリカのテレビ番組"Let's Make a Deal(取引しましょう)"があった。モンティ・ホールが司会をし、新車の隠れた一つのドアとハズレを意味するヤギの隠れた二つのドアから、新車の隠れたドアを当てる番組だ。

　ゲームでは、参加者が一つのドアを選択する(仮にAのドアとする)。ここで、司会者のモンティ・ホールが、参加者の選択していない二つのドアの内、ハズレのドアを開けて、「私が、今、ハズレのドア(仮にBのドアとする)を開けました。したがって、当たりのドアはAかCのどちらか一つです。今なら、あなたは選んだドアAをもう一つのドアCに変えることができます。あなたは、選んだドアを変えますか、それとも変えませんか?」とたずねる。

　この問題は、「モンティ・ホール問題」と呼ばれ、直感による答えと、数学的に導かれた答えの異なる点が興味深い問題である。ギネスブックにより「最も高い知能指数を有している。」と認定されるマリリン・ボス・サーバントの連載する雑誌コラム「マリリンにおまかせ」においてこの問題を扱ったところ、多くの論争を巻き起こした。

さあ、考えてみよう。選んだドアを変えるべきか、変えないべきか。悩んだあなたは、友人の太郎君と花子さん、それにペットである猫のタマに相談することにした。

・太郎君は、「どのドアが当たりかは、あなたがドアAを選ぶ前に決まっている。今さら選んだドアを変えようと変えまいとも、当たりのドアを選ぶ確率は1/3だよ。よって選んだドアを変える必要はないよ」と言った。

・花子さんは、「はじめは、A、B、Cの三つのドアから選ばなければならなかったから、当たりのドアを選ぶ確率は1/3だったけど、その後、司会者のモンティ・ホールがドアBはハズレだということを教えてくれたのだから、今現在の当たる確率は1/2だわ。従って今やり直すべきよ。でも、ドアAとCのどちらを選べば良いのかはわからないわ」と言った。

・タマは、じっとドアCを見つめて、「にゃー、（こっちのドアだよ）」と言った。

2人と1匹の意見を聞いて、あなたは最終的にどのドアを選ぶだろう。

（ⅰ）「あなたが選択を決して変えない場合」

　　　三つのドアA、B、Cの中に当たりのドアは一つあるのだから、当たりのドアを選ぶ確率は1/3である。

（ⅱ）「あなたが選択を必ず変える場合」

　（ア）「当たりのドアがAである場合」

　　　あなたは、初めにドアAを選んでおり、あなたは選択を必ず変えるので、ドアAを選ぶことはあり得ない。よって、あなたはハズレのドアを選ぶ。

　（イ）「当たりのドアがBである場合」

　　　このとき、初めにドアAを選んだあなたに対して、司会者のモンティ・ホールは、当たりのドアBではなく、ハズレのドアCを開けることに注意しよう。あなたは選択を必ず変えるので、選ぶドアはBである。よって、あなたは必ず当たりのドアを選ぶ。

第1部　情報社会の課題に挑む　　93

（ウ）「当たりのドアがCである場合」

　　　　あなたは初めにドアAを選んでおり、モンティ・ホールはハズレ
　　　　のドアBを開けてみせる。あなたは選択を必ず変えるので、選
　　　　ぶドアはCである。よって、あなたは必ず当たりのドアを選ぶ。

　以上の（ア）、（イ）、（ウ）の３通りの起きる可能性はどれも等しいの
で、(ii)において当たりのドアを選ぶ確率は2/3である。つまり、あなたが
ドアの選択を変えた方が、変えない場合に比べて、当たりのドアを選ぶ
確率は２倍になる。(i)では、三つのドアの中から当たりのドア一つを選
ばなくてはならないのに対して、(ii)では実質的にはハズレのドア二つのう
ちのどちらか一方を選べば良い。そのあとは、モンティ・ホールが当たり
のドアへと導いてくれるのだ。花子さんが悩んでいたように、「あなたが
選択を変えるかもしれないし、変えないかもしれない」場合を考慮したら
どうなるだろうか？　解説本が出ているので、興味があれば調べてみて
ほしい。

　「本当かな?」と不思議に思う皆さんには、ぜひ「ドア」を「トランプ」に変
え、当たりの代わりにトランプのババを引くことを目指して確かめてほしい。
10回程度では選択を変えても変えなくても、当たる確率は同じに思うかも
しれないが、100回くらい試せば当たる確率に差のあることを実感できる
であろう。尚、実際に試してみる回数を増やすと、試すことで得られる
確率（経験的確率）は、理論に基づく確率（理論的確率）に近づくことが
知られている（大数の法則）。

　矢作　由美（やはぎ　ゆみ）…総合情報学部総合情報学科数理情報学系助教
／専門分野：確率論

第4章　情報×人材育成
1. プログラミングの醍醐味とは

大見　嘉弘

　2020年から小学校でプログラミングが必修化されるなど、プログラミング教育がにわかに脚光を浴びている。ここでは、プログラミングの特徴、魅力や意義を考えてみる。

▶融通が利かないコンピュータ

　まず、プログラムとは、さらにコンピュータとはどのようなものだろうか。コンピュータはプログラムの内容の通りに動く。これを理解するために、電子メールの「アドレス」と郵便の「住所」を比べてみる。アドレスを書き間違ってメールが届かなかった経験はないだろうか。アドレスは極めて厳格である。一文字間違っただけで届かない。これはメールを扱うプログラムが厳格に扱っているからである。プログラム自身が厳格に動作するものなので、アドレスを厳格に扱えばプログラムも簡単になる。アドレスの多少の間違い（あいまいさ）をプログラムで補おうとするとプログラムが途端に複雑になるし、誤って赤の他人にメールが届いてしまう可能性も生じる。これに対して郵便の住所は、多少間違っていたり不足する部分があっても、郵便局の職員が補ってちゃんと届けてくれる。このように人間は臨機応変に柔軟に対応するが、コンピュータはプログラム通りに動作し、全く融通が利かない存在なのである。

　私は中学生でプログラミングを始めた。すぐに寝食を忘れて夢中になった。なぜだったか。世の中、自分の思い通りになることは数少ない。ましてや、大人中心の社会で子供のうちは、ほとんどが思い通りにならない。その中で唯一思い通りになるのがコンピュータだった。コンピュータは全く融通が効かないが、逆にいうとプログラム通りに常に正確に動いてくれる。思い通りにプログラムが書けるようになると、コンピュータの中だ

けは、完璧に自分のいうことを聞いてくれる世界になった。この満足感は計り知れなかった。

▶プログラムに忠実に動作

　さて、このようなプログラミングを人間はどのように学び、どのように上達していくのであろうか。このような格言がある。「プログラムは思った通りに動かない、書いた通りに動く」、プログラムは書いた通りに動くのである。人間ならたまにミスをしたり、何度もやろうとすると飽きたりするが、プログラムは何度動かしても全く同じように動く[注1]。これは、コンピュータが論理に基づいて動作するためで、これと同様に人間が思考する場合は演繹法を行っているといえる。演繹法の例として三段論法がある。これは「太郎は人間である。人間は死ぬ。ゆえに、太郎は死ぬ」といったものである。人間はそもそも、この演繹法が苦手である[注2]。三段論法一つくらいなら誰でもできるが、これを幾重にも組み合せようとすると、大多数の人は音を上げてしまう。日常生活においてほとんどの人は帰納法を主に用いている。

　帰納法は、例えば「Aさんの長男は優秀だ。次男も優秀だ。だからAさんの子供は全員優秀だろう」といった思考である。この場合Aさんの子供は全員優秀かもしれないが、そうでないかもしれない。演繹は前提が正しければ結論も必ず正しいが、帰納は、結論が必ず正しいとは限らない。

　プログラムの動作は演繹的であるが、ほとんどの人は演繹が苦手なため、いわゆる試行錯誤を行う。プログラミング初心者の試行錯誤は、もはや帰納的でもなく、手当たりしだいに書くという場面があるだろう。その後、プログラムがうまく動いた経験を積んでいき「以前こうやってうまくいったから、今回も同じようにしたらうまくいくだろう」と帰納で考えて、徐々に当たる（プログラムが思い通りに動く）確率を上げることで上達するのではないだろうか。

　以上のことなら他の学問を学ぶ場合も同じではないかと思う人もいるだろう。その通りである。しかし、プログラミングの場合は最終的にプロ

グラムが思い通りに動くことで正解にたどり着いたことが確実に分かる[注3]。他の学問でも教科書や問題集であれば、解答が載っていて正しいかどうか確認できるが、プログラムは解答が用意されていなくても、思い通りに動けば正解だと確認できる。このような分野はなかなか他にない。さらに、作ったプログラムを使って、自分が楽をしたり、他人に使ってもらって喜ばれるなど、人の役に立てることができる。このため、達成感や満足もひとしおである。

▶プログラミングを学ぶ効力

さきに述べた演繹法や帰納法は論理的思考の一種である。論理的思考は一貫して筋道が通るように考えることであり、問題解決や高度な仕事を遂行するために欠かせないことから、近年、重要視されている。このため、論理トレーニングや論理パズルといった論理的思考の訓練方法が登場している。しかし、それらの内容の多くは「論理的には正しいが、日常生活に当てはめると不自然」な例題が多く、精神衛生上好ましくないと感じる。これに対して、プログラミングは生産的な行為であり、達成感も大きく、論理的思考の実践的な訓練として効果が高いと考える。このため、将来プログラマーになるわけでなくても、プログラミング以外の場面で論理的思考が必要な場合に役立つと考える。

最後に、「プログラミングさえできれば論理的思考が身につく」わけではないことを指摘したい。「課題に正解しただけで満足する」、「コピー&ペーストして自分で書いたと勘違いしている」という場合は特に注意が必要である。そのような場合、たまたま正解だった、ということも多い。「こういうものを作りたい」と自分で課題を創造し、完成するまで粘り強く実践し、「なぜこう書いたら正しく動くのか」を深く考える姿勢が重要であろう。

注1） 入力データが変わると動作が変わるということはある。しかし、入力データがすべて同じなら毎回同じように動作する。また、コンピュータが故障している場合や強力な電磁波などで誤動作する場合は、違う動作をする。

注2) 人間の思考のメカニズムには未だ謎が多い。演繹法で考えるといっても、無意識のうちは規則的な思考はしておらず、その後、意識に上った時に結果的に演繹であったとする説が多い。

注3) 入力を伴うプログラムの場合は、数多くの入力をテストしないと正解かどうか確認できない。このテストが不十分で、正解でもないのに正解だと間違って判断することが多々ある。

大見　嘉弘（おおみ　よしひろ）…総合情報学部総合情報学科情報システム学系准教授／専門分野：コンピュータによる知的創造支援システム

2. プログラムを見せる技術と プログラミング学習

大城　正典・永井　保夫

▶初心者に伝えるプログラミング学習

　豊かな社会を支える21世紀の花形産業と言えば、情報通信技術（ICT）産業であろう。あらゆる産業の中でも有数の企業として米Apple社、米Alphabet社（Google社の親会社）、Microsoft社などがあげられるが、これらの企業の多くはICT企業で占められている。そのICT産業を支えているのが各社の革新的なソフトウエアと言える。

　こういった時代に重要性が増しているのが、優秀なプログラマを育成するための情報科学教育およびプログラミング教育である。そして何より、自分で考えたソフトウエアをプログラミングするのは芸術作品を作るのと同じく楽しい作業なのである。私たちは、その楽しさを伝え、それを実現する実力を身につけさせ伸ばしていく手助けをしたいと願っている。

　プログラミング教育の難しさについては多くの意見・議論がある。その中でも特に難しい根本的問題は、「プログラムによって実行される処理の具体的な内容（アルゴリズム）が目には見えず想像するしかない」という点である。これは、特に初心者にとっては大きな問題となる。プログラミングに習熟するためには、さまざまな処理を自分でプログラミングするのが一番必要となってくる。そこで、学校でもその種の課題を出そうとするわけだが、そもそも実現すべき「処理の内容」をプログラミング初心者に伝える・理解してもらうこと自体が難しいのである。

▶はじめてのプログラミング学習

　「処理の内容」をどうやって伝えるか。一定の実力がついた者なら、プログラミング言語で書かれたプログラム（ソースコード）が示されればアルゴリズムを理解できるし、その作業を通じてプログラミングの実力もさらに

第1部　情報社会の課題に挑む　　*99*

向上するだろう。しかし、プログラミング初心者はソースコードを読む力がまだまだ未成長段階であるため、提示された「処理内容」を誤解する場合や、学習進捗の遅い学生の場合には「処理の内容」を理解できない場合も出てくるだろう。時間があれば文字で書かれたソースコードと説明された「処理の内容」を何度も交互に確認して理解することもできるだろう。しかし、限られた授業時間や、学習者がどれだけ自習をするかなど、学習者が皆、このあたりの壁をクリアできるわけではない、ということがこの点の難しさを如実に表している。

　プログラミング言語の手を借りずに「処理の内容」を伝える手段としては、流れ図（フローチャート）があげられる。しかし、繰り返し処理や条件分岐処理が含まれる流れ図の場合、変数の変化の仕方などについて行けずに「処理の内容」が理解できないプログラミング初心者が多いのが実情である。その原因は、「処理の内容」、特に動いている様子が実際には観察できない、という点にある。もちろん、習熟者ならデバッガで処理の動きを推測できるが、コンピュータの構造をよく知らないであろうプログラミング初心者には正直向いていないと言えるだろう。大事なのは、連続性をもってリアルに目で動きが追えることなのである。「百聞は一見に如かず」と言うが、逆に言えば「見えないモノはわかりにくい」のである。

▶「百聞一見に如かず」～見せるプログラミング～

　そこで、「プログラムの内容や処理を視覚化する」というアイディアが生まれる。実際にアルゴリズムの動きなどを実世界で体験させ、計算機科学の基礎を小学生などの低年齢層にもわかりやすく伝えようという試みとしてコンピュータサイエンスアンプラグド（Computer Science Unplugged）があげられる。

　コンピュータに表示されている対象はいきなり消えたり、表示が切り替わったりと把握しづらいが、実世界ではそのようなことはなく、連続的・シームレスに観察し続けることができる。これがコンピュータサイエンスアンプラグドの教材が抜群に理解しやすい秘密だろう。しかし、このコン

ピュータサイエンスアンプラグドは、その謳い文句に「コンピュータを使わない計算機科学」とあるように、プログラミング言語については扱っていないのである。

プログラムの視覚化を意識したプログラミング言語環境として近年注目を浴びているのがScratchである。Scratchは「ある言語で書かれた処理はどのように動くのかを視覚的に表示する」ことができるので、プログラムで書かれた「処理の内容」を初心者が理解するための道具として使える。しかし、実際に仕事で使われるJava、C言語、C++といったプログラミング言語とは異なる独自の言語となっていること、現代的なソフトウエア開発で重要になってくるオブジェクト指向の考え方には直接触れていないことなど、それだけでは大学のプログラミング教育を完結させる道具としては使うことができない、という問題があげられる。

小学生くらいからこれらの教育手法や独自のプログラミング環境に触れ、十分に「処理の内容」を理解する力がついた後に大学でオブジェクト指向プログラミング言語を学習するのが理想だろう。しかし、低年齢からプログラミング教育を行う方針が掲げられている今日、いや今後においても、すべての情報系の若者がそのような経験を積んで入学してくるとは限らないのが現実なのではないだろうか？　しかしだからと言って、これらの過程に加え大学で教授すべき高度なプログラミングトピックの学習までを、就職活動が始まるまでの3年間で経験・学習させるのは、いささか急ぎすぎると言えるだろう（しないよりマシとは言え）。

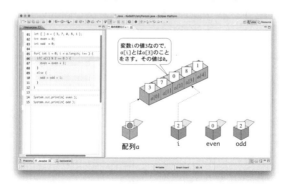

図1

▶プログラミング教育と視覚化ツールの実用化に向けて

　大学のプログラミング教育のミッションは、「『処理の内容』を理解できない初心者の段階から、実務で使用されるプログラミング言語に習熟して自分の思い描いたソフトウエアをオブジェクト指向の考え方などを応用しつつ作成できること」となる(つまり、就活に胸を張って望める実力をつけてもらうこととなる)。大学のプログラミング教育に使用する目的の視覚化ツール・環境もJeliotやBlueJなどが開発されているが、いずれも学習者が一定の基礎を身につけていることを前提としていたり、オブジェクト指向の考えを学ぶことを主眼にしていたりと、「大学におけるゼロからのプログラミング教育」には向いていないように思える。

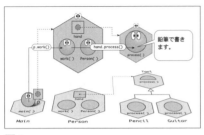

図2

　そこで、我々は初心者向けのプログラミング教育から高度なオブジェクト指向教育までサポートする視覚化ツールを研究・開発中である。現在はJava言語用であるが、プログラムの動く様子が連続的な3Dアニメーションでリアルに表示され(図1)、容易に処理内容を確認できる。もちろん、ソースプログラムを一行一行実行して確認できるようになっている。アニメーションは、できるだけ実世界にあるものを観察している感覚で見られるように連続性とシームレス性に留意し、唐突な画面の切り替えなどが無い様に配慮されている。さらに、高度なオブジェクト指向の学習もこの視覚化によってサポートすることが可能である(図2)。また、ソースプログラムに書かれた文法的構造もリアルタイムに2Dのイラストとして視覚化される(図3)。この機能は、学習者がプログラムの構造やそれを表すための文

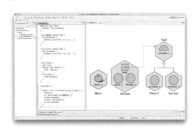

図3

102　第1部　情報社会の課題に挑む

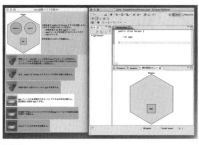

図4

法を理解する手助けになるだろう。活用例として、習熟したプログラマがプログラミングするときの思考の流れを追体験させるコードライティング演習機能なども用意されている（図4）。前述したように、既存の視覚化ツールは特定の目的のために設計されており、我々の視覚化システムのように初心者から大学卒業レベルまで利用できる視覚化ツールは未だ存在しない。この点が本研究のオリジナリティーでもある。代表的な既存の視覚化ツールと我々の視覚化システムの特徴を比較した表1に示す。

この視覚化システムを私たちが担当する授業などで活用しながら洗練させて行き、いずれは公開したいと考えている。情報大発のこの視覚化システムが、プログラミング学習者の友として（そして教える側である教師の友として）広く世の中で活用されるのが私たちの夢なのである。

表1　視覚化ツールの比較

視覚化ツール \ 対応項目	読む・書く	初心者（基礎アルゴリズム）	初心者（基礎文法）	初心者（実務向けプログラミング言語）	中級者（オブジェクト指向）	上級者（オブジェクト指向）	連続性・シームレス性
コンピュータサイエンスアンプラグド	読む・理解	◎	×	×	×	×	◎
	書く	△	×	×	×	×	
Scratch	読む・理解	○	△	×	×	×	×
	書く	○	△	×	×	×	
Jeliot 3	読む・理解	△	△	○	○	△	△
	書く	△	△	○	○	△	
BlueJ	読む・理解	×	×	○	○	△	
	書く	×	×	○	○	△	
我々の視覚化システム	読む・理解	○	○	○	○	○	○
	書く	○	○	○	○	○	

大城　正典（おおしろ　まさのり）…総合情報学部総合情報学科情報システム学系准教授／専門分野：視覚認識情報学

永井　保夫（ながい　やすお）…総合情報学部総合情報学科情報システム学系教授／専門分野：人工知能

3. プログラミング能力を伸ばす学習モデルと支援システム

布広　永示

▶研究の背景

　情報系の教育機関に進学する学生が希望する分野は、情報科学や情報システムなどの理系指向の分野だけではなく、Webデザイン、ゲーム、メディアなどの文系指向の分野へと拡大している。このような幅広い分野の学生が混在する授業、特にプログラミングなどの演習系の授業では、学習効率を上げるために学習者を習熟度別のクラスに分けるなどの対策を実施している。しかし、教員の人的制約などから、クラス分けをしても1クラスの学生数が多く、学習者の習熟度に対応した指導が不十分となる場合がある。このような背景から、学習者の興味や学習意欲を喚起するなど、学習者の動機付けに関連した学習支援システムの必要性は高くなっている。

　プログラミングの教育効果を上げるためには、学習内容を学習手順に沿って教えるだけではなく、プログラミングの学習意欲を喚起させ、やる気を継続させるユーザーインタフェースや学習者の理解度に合ったレベルでプログラミングに必要な知識を教える学習方法が必要である。本研究の目的は、このような課題を解決するため、ゲーム感覚によってプログラムの構造や処理の流れを理解する学習法を検討し、学習者の興味や学習意欲を喚起するなどの学習効果を持つプログラミング学習支援システムを開発することである。

▶プログラミング学習支援システムの開発と応用

　学習者がプログラミングを継続して学習するためには、ゲームのような学習機能を実装して、プログラミングへの興味や学習意欲を高める学習環境が必要であると考え、次のような学習効果を期待できる学習環境を

検討した。

(a) ゲーム感覚でプログラミングを演習することによりプログラミングに興味が持てる。
(b) プログラミング言語の文法やアルゴリズムなどの知識の習得より、プログラムの構造や処理の流れを考える。

次に、前記(a)、(b)のような学習効果を持つ学習環境を提供するために、次のような開発項目を考えた。

① パズル形式でプログラムを組み立てていく操作により、ゲーム感覚でプログラミングすることができる(図1)。

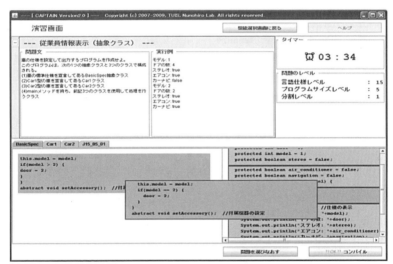

図1　パズル型プログラミング学習画面例

② 学習者の習熟度に合った演習問題を提示することにより、学習者に自信を与えることができる。
③ アニメーションやイラストなどを表示することにより、学習者に気分転換や視覚的な刺激を与えることができる(図2)。

図2　アニメーション表示画面例

④ 学習履歴や習得した内容を表示することにより、学習者に達成感を与えることができる（図3）。

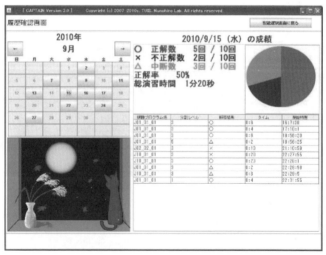

図3　学習履歴画面例

⑤ 競争的な学習機能を実装することにより、学習者が集中して演習課題に取り組む学習環境を提供することができる。

⑥ 学習者の学習状況を教員がリアルタイムに確認して進捗が遅れている学習者を迅速に支援することにより、学習者に満足感を与えることができる（図4）。

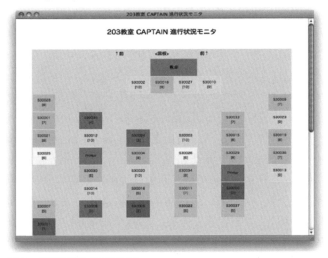

図4　学習状況表示画面例

前記の①～⑥の学習機能を実装するe-learningシステムとしてプログラミング学習支援システム(CAPTAIN：Computer Aided Programming Training And INstruction)を開発し、プログラミング演習の支援システムとして活用した（図5）。

図5　プログラミング演習風景

▶今後の研究について

　プログラミング教育は、大学や高等学校の教育だけではなく、小学校教育においても、プログラミング的思考能力を伸ばす教育が実施される。このような教育の動向を考えると、プログラミング教育は、プログラムの作成能力だけではなく、与えられた問題を論理的に分析し、解決策を立案する問題解決能力を養う教育へと変化している。

　現在、CAPTAINシステムに継ぐ新しいプログラミング学習支援システムとして、プログラミング学習を通して、問題分析、解決策立案などの問題解決能力を身につける問題解決型のプログラミング学習法を検討し、そのようなプログラミング学習を支援するe-learningシステムとしてPPLシステム（Problem based Programming Learning system）を開発中である。この学習方法では、問題の理解、問題の分析、解決策の考案、解決策の具体化、解決策の検証のように、与えられた問題を段階的に詳細化して解決策を提案していく学習を通して、問題解決の能力を身につける。将来的には、小・中・高のプログラミング教育でPPLシステムを使用できるように、新しい学習機能の研究やシステムの改良を進めていく予定である。

布広　永示（ぬのひろ　えいじ）…総合情報学部総合情報学科情報システム学系教授／専門分野：情報処理学，計算機工学

4．データサイエンティストに なるには!?

櫻井　尚子

「今後10年間でもっとも魅力的な職業はデータサイエンティストである」と、2012年10月のハーバードビジネスレビューに、Thomas H. Davenportが書いた内容は刺激的である。5年前の米国ビジネス界ではすでに、データからエビデンス(証明)を得ることの重要性が指摘されていた。ある決断をするときに、経験を元にして選択をすることも重要な視点であるが、これに加えて、データからの確固たる証拠があれば、自信をもって選択・決定することができる。その中心的な役割を担うのが、データサイエンティストである。

データサイエンスとあらためて言わなくても、もともとデータは存在し、その解析結果はさまざまな領域で日常的に活用されていた。データサイエンティストはすでにあちらこちらで、その職名を持たぬまま仕事をしてきた歴史がある。例えば、選挙時の出口調査データを利用した当確予想もデータサイエンスの結果であるし、消費者対象のアンケート結果から知見を得ることはずっと前から行われていた。読者のみなさんもアンケートに協力して回答した経験があると思う。その回答の一つ一つが「データ」であり、その解析がまさにデータサイエンスなのである。

データサイエンスが浮上した理由として、ビッグデータの存在がある。コンピュータ機器やソフトウエアの発展により、巨大なサイズのデータも保存と入出力が容易になり、データサイエンティストの目の前に現れるようになった。従来のスモールサイズではなく、ビッグデータを解析してみると、「今まで知らなかった新たな知見に遭遇した」という感動があちらこちらで発生したのである。あるスポーツイベントに集まった人々のツイッター内容を分析してみると、目立たぬ選手の意外な行動に注目していたり、設備上の気にもかけなかった個所を人々が褒めていたり等の発見を手に

第1部　情報社会の課題に挑む　*109*

することができてしまうのである。身近なデータサイエンスの具体例を示そう。

　地域の料理を提供するレストランの来客数について、1年間の月別データを分析した結果、集客への影響要因として、曜日、天候、イベントの有無が見事に浮かび上がった。これを受けてこの店の場合は、平日の集客のためにこまめなイベント企画とその実施、土日祝日には周辺の施設との連動イベントにより時間を切り分けて集客することが、限りある席数の中で望まれることが分かった。また、雨の日には特別なサービスを提供する等、悪天候でも出向いてもらえるような楽しさを創造する必要があることも分かる。データサイエンティストは単にコード化されたデータを分析するだけの人ではない。その前後に介在する人間の本来の要望やネックとなっている問題をきれいに整理し、何をもってそれらを解決へ導くべきかのシナリオを描かねばならない。また、アウトプットを的確に理解し、最大限に生かす道筋を作らねばならない。道筋を作ったあとは解決策を提示しなければならない。データを生かす、というのは、つまるところ解決策の提示まで行って、はじめて「生かされた」ことになる。一般社団法人データサイエンティスト協会が示すデータサイエンティストのスキルイメージを図1に示す。データサイエンスはさまざまな能力の結集であることが分かる。

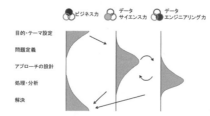

図1　データサイエンティストのスキル

https://www.datascientist.or.jp/common/docs/skillcheck.pdf

　一人の人間がすべての過程をプロデュースすることは難しいが不可能ではない。あるいは、担当別のチームを編成し、その中で意思疎通のコミュニケーションをとりながら解決への道のりを作り上げる手法もあり得る。データサイエンティストには、コンピュータエンジニアリングと統計データ解析の専門性は必須である。

データサイエンスで扱う生のデータは統一されておらず、いきなり分析に入ることはできないため、整形をする必要がある。それには、コンピュータを使って、分析対象とはならないデータを排除したり、複数のデータ群をつないだり、切り離したり、一時保存したり、あるいは数値化されていないデータを数字に変換したり、と分析前の段階で多くの作業が発生する。このため、アルゴリズムを理解し、最適な手法で分析用データを作成する技術と知識が要求される。また、解析に適した書式にデータをまとめるためにプログラミング言語を操ることもある。

　解析に必要なデータの整理が終わると、統計データ解析の知識を駆使しながら解析に挑戦する段階に移る。定型的な分析手法もたくさん存在するが、分析を進めながら結果を見て分析手法を考えていくので、ここでは柔軟な思考力が必要である。統計学を基礎とする系統的な学習課程を修めていれば、その思考に拍車がかかる。加えて、人間の考えや行動に興味があること、情報キャッチ用センサーをいつもピカピカにしておくこと、特に最新の情報に敏感であること、コミュニケーションが得意なこと、人々の要求を察知できること等、データサイエンティストとしての素養を挙げればきりがない。

　人が生きる社会を近目遠目に眺め、地球上のあらゆる生命をいとおしむ豊かさがあればなお素晴らしい。こんなに多彩な能力を要求されるデータサイエンティストの学びの場は狭くはない。必要な知識と技術を身につけてワクワクする発見を探しに、ネットワークの海をわたっていこう。

櫻井　尚子（さくらい　なおこ）…総合情報学部総合情報学科教職課程教授／専門分野：統計学

5. 地域社会で「課題解決プロジェクト」
～情報発信と協働で成長する～

柳田　純子

▶「地域おこし」と課題解決力の育成

　自己紹介の定番のひとつ、「出身地は○○です」。その地域の特徴を明確に伝えられれば、その後の会話もはずむ。例えば千葉県なら、落花生・いわしなどの特産物、ユネスコ無形文化遺産登録「佐原の山車行事」、房総半島の景勝地、地球磁場逆転期の地層「チバニアン」などだろうか。地域の特徴を的確に発信することは、「地域おこし」にも効果を発揮する。しかしながら「地域おこし」に向けて実際に行動する段階では、財源や人的資源など種々のハードルがある。ハードルをひとつひとつ乗り越えて「地域の魅力を形成する」行動段階で基本となるのは、「課題発見と解決に向けて具体的に動く」、いわば「やってみる」ことである。

　近年、「課題解決力」の育成が着目されている背景には、「課題解決力」が4年制大学の学士課程教育で目指す学習成果の構成要素として例示されたこと、また企業や地域社会での活動で発揮されることが望ましい「社会人基礎力」（「前に踏み出す力・考え抜く力・チームで働く力」：経済産業省の研究会による定義）に含まれていることが挙げられる。

▶千葉市との地域連絡プロジェクト

　そこで、本項では「地域おこし」を学習課題とする「課題解決型学習」の取り組みについて紹介したい。「東京情報大学」は学校法人「東京農業大学」の「実学」重視の理念を継承し、「現代実学主義」の教育理念を掲げている。この理念を具現化する一環として、情報通信技術・専門知識を応用し、学生・大学教員と地域住民間の協働によって、複数の地域社会の課題解決に取り組んでいる。学習活動のテーマは、千葉市との地域連携協定に基づく「下田農業ふれあい館をとおした地域活性化」である。この農業ふれあい館は、千葉市が開設し地域の農家管理組合が主体となって運営されている。活動では、食生活で不足しがちな野菜を手軽に取れることを念頭に置いて、地域の農産物（旬の野菜）を素材とする野菜プリンなどをシリーズ化して商品開発してきた。一連の成果により「千葉市大学市長賞」を受賞している（前ページの写真は、商品開発の試作に取り組む学生）。学習過程では「やってみる」ことを推奨し、試作での失敗からの再起動も貴重な経験と位置づけている。

▶学習経験と成長感の関連

　では学習に参加した学生たちがどのような学習経験をし、自らの成長を実感したのか見ていこう。学生たちが提出したレポート文章を社会調査用のソフトウエア（「KH Coder」）で解析し、文章中の語の品詞と出現頻度を抽出した後、抽出された語の相互関係を示すネットワーク図（口絵カラー図参照）を導き出した。このネットワーク図からわかることは、（1）どの語とどの語が関係しているか（関係が線で結ばれて表示）、（2）どの語がより強く中心となっているか（強弱が強い順に桃色濃淡、白色、水色濃淡で表示）、（3）語の出現頻度（語の囲み円の大きさで表示）である。表1に、ソフトウエアによる解析結果（ネットワーク図）に基づき、「語の相互関係で中心となっている語」と「出現頻度が上位第4順位までに該当する語」を記載した。

表1　ソフトウエアによる解析結果

語の相互関係で中心となっている語	①「言う・発言・開発・野菜」（濃い桃色表示） ②「実際・話しかける」（桃色表示） ③「人・いろいろ・伝える・出す・出し合う・濃い」（淡い桃色表示）
出現頻度が上位第4順位までに該当する語	①「する」②「自分」③「意見」 ④「周囲・人・積極・商品・なる・考える」

　ネットワーク図で着目してほしいのは、（1）語の相互関係で中心となっている程度が相対的に高いと判別される「言う・発言・開発・野菜」の4語、（2）出現頻度が第3または第4順位であっても、その語と関係している語が多い（その語から多くの線が出ている）「意見・周囲・人・積極・商品・なる・考える」の7語である。この計11語が各々どの語と線でつながっているか順次確認し、課題解決過程での学習経験を読み解いた（表2）。表中の記載でカッコ書きは筆者の補記である。

表2　成長感と関連が見られる学習経験に関する考察

「言う・発言・開発・野菜」の4語に着目	①「野菜（の）特徴（を）活用（し）商品（を）作る、出し合う」経験 ⇒ 地域連携による商品開発 ②「チーム（で）コミュニケーション（を取る）」経験 ⇒ 小集団での意思疎通・協働 ③「実際（に）発言（し）案（が）通る、人（に）意見（を）言う、開発（して）今、出す」経験 ⇒ 個人間での意思疎通
「意見・周囲・人・積極・商品・なる・考える」の7語に着目	①「周囲（の）人（に）意見（を）言う」経験 ⇒ 個人間での意思疎通 ②「野菜（の）特徴（を）活用（して）商品（を）開発」する、「商品（を）考える、作る（ことが）難しい」経験 ⇒ 商品開発上の困難 ③「積極（的に）話しかける」、「率先（して）行動（し）調理（に）取り組む」経験 ⇒ 意思疎通や行動に対する積極的関与

　表2に記載した学習経験のなかで、「地域連携による商品開発」が学習目的に相当し、「小集団や個人間での意思疎通・協働」と「意思疎通や行動に対する積極的関与」が学習目的に対する手段の関係にある。また「商品開発上の困難」は学習目的「地域連携による商品開

発」の特性のひとつを表している。考察を2014年度以降継続した結果、課題解決過程での「意思疎通」（情報受発信）や「協働」経験が、成長感と関連が見られることを検証した。加えて、課題解決過程で「困難」を乗り越える経験がストレス・コントロールの点からも重要と考えられる。地域社会との連携学習をとおして学生たちが成長し、卒業後も多様な形態で「地域おこし」に関われる一歩となることを願いつつ、学習運営に努めたい。

柳田　純子（やなぎだ　じゅんこ）…総合情報学部総合情報学科社会情報学系准教授／専門分野：経営学，人事資源論

口絵1　参照

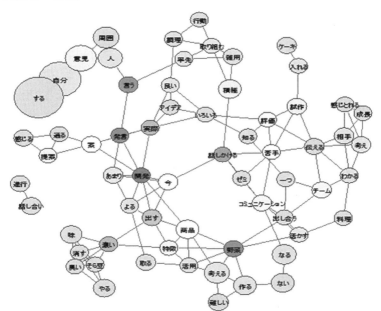

図　成長感に関する学生記述文における語の相互関係（ネットワーク図）
（地域社会で「課題解決プロジェクト」～情報発信と協働で成長する～」柳田 純子より）

6. オリンピックと スポーツマネジメント
～ポセイドン・ジャパンの活躍～

原　　　朗

　2020年に東京でオリンピック・パラリンピックが開催される。水球日本代表「ポセイドン・ジャパン」が、ロサンゼルス大会以来32年ぶりの2016年にブラジルリオで開催された五輪に出場し、大いに会場を沸かせたことは記憶に新しい。では、水球がどのように強化に成功したのかを紹介したい。

　我が国では、知名度においてサッカーや野球などには及ばない感がある水球ではあるが、英語名称では「ウォーター・ポロ（Water Polo）」、水の中の格闘技と称され、欧州ではサッカー、バスケットボールに次ぐ第３のボールゲームといわれる人気スポーツである。オリンピック競技では、第２回大会から正式種目になっている。アジアに目を移すと、スポーツ大国の中国、旧ソビエトのカザフスタンに勝利し、アジアNo.1になることがオリンピック出場の絶対条件となる。そのため、公益財団法人日本水泳連盟では、強化のカギは「発掘・育成・強化・指導者養成・企画」の五つにあると考え、我が国の水球を世界レベルに上げるための取り組みに挑戦することとした。

　はじめの一歩として、若い才能の発掘・育成からスタートした。
１）ジュニアカテゴリーの全国競技会を新たに２大会創設し、全国大会の経験値を増やす。
２）12歳以下のゴールを発育発達に合わせ小型化し、ジュニア期の技術習得を図る。
３）試合方法をトーナメント方式からリーグ戦方式に改め、１大会でのゲーム経験を増やす。

　これらの強化策により、小学生は試合を重ねるごとに驚くほどに成長

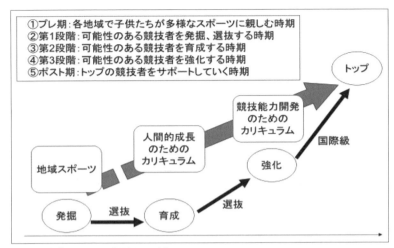

図1　強化のための成長イメージ

することとなった（図１）。

　次に、小中高の壁を取り払い、才能ある選手を上位のカテゴリー選手と競わせる環境作りや代表へ選出されたいという向上心を高めさせるための選抜合宿などに着手した。さらに日本代表をジュニア期から組ませ、「ジュニアからの一貫指導」により、個々の実力強化とともにチームプレーの精度を上げることに成功した。そして、高校生からは、国際大会に積極的に出場させ、国際経験値を積ませた。この結果、ジュニアカテゴリーにおいては、アジアNo.1の強豪となっている。

　次に、日本代表選手に世界レベルを体感させるために主力選手を、ハンガリー、フランス、オーストラリアなど欧州強豪国のクラブへ長期にわたり派遣した。さらに、ハンガリー、セルビアには、強化拠点を置き、海外における強化内容の質についても向上をはかった。同時に、海外強豪国から指導者を招き、最新のゲーム戦術、海外選手の動向など積極的に海外の情報を集めた。私もセルビア人監督と2年間、クロアチア監督と3年間、日本代表スタッフとして帯同しながら強豪国の指導法を学んだ。また、アジアのライバル国の中国や今後の目標とするアメリカ、オーストラリアとの相互間交流を深め、国際競技力向上を目指している。

選手と同時に指導者育成も重要な課題である。この課題に対しては、国際大会での情報を公認指導者研修会において、毎年全国の指導者を対象に報告するとともに、国際試合映像から得たデータを分析した研究結果を情報共有することで全国どこでも最新の指導法が導入することができる環境を整えた。

　「スポーツ強化策＝スポーツマネジメント」で最も重要なのが事業資金である。当然であるが、選手育成、大会運営など競技の強化や底上げには大きな資金が必要になる。水球では、マスコミやSNSを使って積極的に情報発信をしている。また、スポーツの理解、普及も大切な要素だ。子供から高齢者まで気軽にできる水中ボールゲームとして「アクアゲーム（簡易水球）」を開発し、日本代表選手を派遣して小学校や公共プールでの体験会を開催している。このような取り組みを通じて多くの企業からご支援・協賛のお話をいただき、その資金を強化マネジメントの事業化に生かしている。

　どんな競技でも、強化を始めてから成果がでるまで絶え間ない努力と失敗、そして改善の積み重ねという気の遠くなるような時間の経過の中で培われるものだ。その間、競技を核とした多くの人々の協力があってこそ芽が出るものだと考えている。2020年東京オリンピック・パラリンピックが間近に迫る今日、水球日本代表は、母国開催でメダル獲得に向けたチャレンジを続けている。

　原　　朗（はら　あきら）…総合情報学部総合情報学科社会情報学系教授／専門分野：スポーツ方法学

7. 子どもの未来を支える コミュニケーション能力を 育てる

原田　恵理子

▶21世紀を生きる子どもたちに求められること

　グローバル化している情報社会では、他の国や異文化との共存や国際協力の必要性が強く求められている。そして、高度化していく情報社会がどのように変化しても、自ら課題を見つけ、学び、考え、主体的に判断して行動し、問題を解決する能力を身につけることが必要である。さらに、自分自身の行動を客観的に判断し、他人と協調することができ、他人を思いやる心や感動する心など、豊かな人間性を育むことが社会で活躍する大人として求められている。

　そこで、小学校・中学校・高等学校では、集団活動や体験活動を中心とした学校教育を通して、一人一人の人間形成が図られている。例えば、学校行事の文化祭では、学級のメンバーの話し合いで、出し物や役割を決め、当日までの活動を計画し、みんなで協力して準備をする。当日も分担に応じて働きながら出し物を発表し、一人一人がその役割を果たすことで成し遂げることができる。また、授業では、出された課題やテーマに対して班活動で話し合う中、さまざまな意見や考えを持つ人と意見を交換しながら問題解決を図る。このように学校では、授業、学校行事、委員会や部活動といったさまざまな活動において、学級や集団の中で他者とコミュニケーションをとりながら活動に取り組むことで、これからの社会で生きるために必要な力を身につけることができるのである。

▶コミュニケーションとは

　コミュニケーションは、「相手を傷つけることなく、お互いの考えや気持ちを伝え合う」ことである。ここで重要になるのは、相手を傷つけない思

第4章　情報×人材育成

第1部　情報社会の課題に挑む　119

いやりのある言動をする、どちらかが一方的に伝えるのではなく相手も自分もきちんと自分の言葉で伝え合うということである。子どもたちの中には、「引っ込み思案だから」、「恥ずかしがり屋だから」、「初対面の人と話せないから」、「人前で発言ができないから」と性格のせいにしてみたり、そのために対人関係を否定・拒否したり、ネット上のコミュニケーションに傾倒しすぎるといった状況に陥る者がいる。

　しかし、コミュニケーションの苦手さは性格のせいではない。むしろ、「学ぶ機会がなかった」、「体験不足で身につかなかった」、「間違えて覚えしまった」、「緊張や不安でコミュニケーションが発揮できなかった」、「その状況にあわない不適切なコミュニケーションをしてしまう」といったことが原因になっているのである。

▶コミュニケーションの難しさの背景

　10代の子どもたちにとって、友だちとのコミュニケーションは非常に複雑で難しい。その背景には、10代の子どもたちの特性とネット利用の状況がある。

　学校では、友だちや先生とは顔と顔を合わせた対面上のコミュニケーションが中心である。そのような中で、スムーズなコミュニケーションをしようとする場合、小学高学年から高校生までの間に変化する「考え方（認知）」、「気持ち（感情）」、「行動」がコミュニケーションに大きく影響することを知っておくとよい。例えば、小学校高学年から中学生にかけては、体が大人になっていく大きな成長の変化（第二次性徴期）があり、この変化に戸惑いを覚えると同時に、自分でもわからない感情に揺り動かされて、時にはカッとなって言うつもりがなかったことを言って相手を傷つけてしまうこともある。また、物事を複雑に理解したり推測できるようになるため、相手の気持ちに気づいて先のことを予測したり、それに基づいた行動をとることができるようにもなる。このような特性は、友だちとの関係を複雑にしている。自分の意見を言いたくても相手に嫌われたらどうしよう、一人だけ違う意見を言って目立ってしまい、影で悪口を言われてしまうかもしれない、自分とは考えが違うけれどももめごとにならないようにここは

120　第1部　情報社会の課題に挑む

相手に従っておこう、といったようなことがある。

　このように、周囲の目や他人の評価を気にして先のことを考えた行動をする一方で、相手のことや先のことを考えられるようになるため、かえって言いたいことが言えない、本当はそんなことは言いたくないのにこの場で言わないと後で何が起こるかわからないから周りに合わせた言動をしよう、といった状況になることもある。その背景には、自分が他者からどのように見られているかがとても気になる時期であることが関係し、他者である仲間から認めてもらいたい、受け入れてもらいたいという感情も湧き起こってくる。しかし、負担が大きく、悩みになってしまうと心身の不調につながりやすい。

　コミュニケーションが難しくなる理由に、ネット利用も挙げられる。情報社会の中で育っている子どもたちは、生まれた時、あるいは物心ついた時からインターネットやパソコンなどが普及した環境で育った世代の「デジタルネイティブ」である。内閣府（2017）の調査でも、小学生27.0%、中学生51.7%、高校生94.8%がスマートフォンを利用し、中高生では一日の中でスマートフォンの平均利用時間が2時間を超え、また、スマートフォンの利用目的は「コミュニケーション」が最も多いと報告された。総務省（2016）の調査では、中学生の80.8%がソーシャルメディアを利用し、その利用している生徒は使用していない生徒に比べてネット依存の傾向が高く、また、ソーシャルメディアを利用する際に友だちとのやり取りやソーシャルメディア内での人間関係での悩みや負担を感じる割合が高いことも報告された。同じく高校生の71.8%は、「友だちや知り合いとコミュニケーションをとるため」に使用目的を挙げた。このように、子どもたちの生活には、ソーシャルメディアはコミュニケーションツールとして日常に浸透し、欠かすことのできないものになっている。しかし最近では、LINE等のSNSの利用が高いことから、友だち関係においてトラブルやネットいじめが増加し、大人たちからその状況が見えにくいこともあり、その対応の難しさが大きな問題になっている。

▶友だち関係といじめ

　相手との一定の関係性、例えば友だち関係において、心理的または物を盗まれる、たたく・蹴るなどの暴力をするといったような物理的な行為を受けた人が「つらい」、「嫌だ」、「やめてほしい」と苦痛を感じたら「いじめ」とされている。このいじめは、特に、10代で生じやすい。なぜなら、10代の友だち関係は、共通の興味関心がある人同士で仲良くなりやすく友情が強くなる時期であるため、グループの中で異質な存在に対し、怒りの強さが高まって仲間外れにする傾向が高い。また、ターゲットを決めて排除する傾向もある。

　冷やかし、からかい、仲間外れ、無視、たたくといった対面上のいじめと比較してネットいじめでは、「悪口を書いた」、「友だちリストから外そうと呼びかけた」以外に、「個人情報を流した」、「写真や映像を無断でアップした」などの様子が見られる。同時に、「匿名性（なりすまし、素性を明かさないで攻撃する）」、「不可視性（加害者が誰なのかわかりにくいし、いじめをしている人からもいじめを受けている人の反応が見えない）」、「無境界性（いつでも、どこでも起こりうる）」、「群衆化（数限りない傍観者が存在する可能性がある）」、「不可避性（四六時中、どこにいても攻撃される可能性）」といった顕著な特性がネットいじめにはある。さらに、閉鎖的空間では対面上で行われないような卑劣で残虐な逸脱した行為も行われやすい。なぜなら、対面上のコミュニケーションと違って、「相手からすぐにその場で反応を知ることができない」、「相手の状況や考えなどを自分勝手に想像し独りよがりの解釈をしやすい」といったことになりやすいからである。

　このようないじめを予防するためには、安心して何でも話せる学級または集団環境のなかで、自分に自信を持って、「いじめ（例えば、仲間外れや悪口）をすることはよくない」「（いじめを受けている人に）心配しているよ、大丈夫？」といった相手の立場に立って思いやることができるかがとても重要になってくる。そして、他者に思いやりのある言動ができるということは、良好なコミュニケーションにつながるといえる。

　これからを生きる子どもたちは、顔と顔を合わせた対面上のコミュニ

ケーションとLINEなどソーシャルメディアを利用したネット上のコミュニケーションのどちらもが重要であるため、バランスよく育むことが大切になってくる。相手を思いやれる中で安心・安全な学校環境が造られ、その環境の中で学級や集団の友だちとともにさまざまな体験や活動を通して、コミュニケーションが身についていく。

▶コミュニケーション力を高めるポイント

　では、どのようにしたら、普段の生活の中でコミュニケーション力を高めることができるようになるのだろうか。重要になるのは、対面上とネット上のコミュニケーションのどちらにおいても「相手を思いやる」ということである。この思いやりは、対面上で相手を思いやった言動ができれば、ネット上でも同様に思いやりが発揮でき、トラブルやいじめを抑制できるとされている。そのためまずは、対面上における初歩的なコミュニケーションとされる「話す」と「聴く」を大事にしたい。「話す」ことは、①言語：考えや気持ちを大事にして言葉を選ぶこと、②非言語：どのように伝えるかといった声の大きさやトーン、表情、姿勢や態度、距離、アイコンタクト、身振り・手振り、の両方が重要になってくる（図１）。そして、相手の話をよく「聴く」ためには、作業をやめて相手に体を向け、あいづちやうなずきをしつつアイコンタクトを取り、最後まで話を聴く。ネット上であれば、内容をよく読むということになるが、非言語の部分は伝わってこない。そのため、言語だけでは相手の本当の気持ちを理解することはとても難しい。感情的な対応や誤解のまま状況を悪化させないためには、必ず対面上のコミュニケーションで質問や確認をすることが大事になってくる。つまり

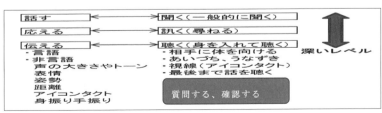

図１　コミュニケーション「話す」「聴く」におけるポイント

は、対面上とネット上のコミュニケーションにおいて、相手の立場に立ってそのメッセージを自分事として考えながら相手に伝え返すなか、最終的には対面上で確認しあうことが、バランスの良いコミュニケーションになる。まずは、この基本的なことを意識的に始めることからコミュニケーション力を高めよう。

　原田　恵理子(はらだ　えりこ)…総合情報学部総合情報学科教職課程准教授／専門分野：発達臨床心理学，学校臨床心理学

8. 子供から大人へ
～情報教育と移行支援～

田邊　昭雄

▶「完成教育」と「準備教育」

私の現在の研究テーマは、「移行支援」ということで、特に高等学校教育を中心に取り組んでいる。

移行支援の研究とは、「子どもから大人になる」ということを移行と捉え、その為に必要な支援とは何か、特に学校が行える支援とは何かについての研究である。最近は台湾の教育体制と比較しながら研究を進めているが、今後は情報教育（情報の適切な活用）をどのように取り込んでいくかについての研究も必要となるだろう。

日本の高等学校教育は義務教育ではないが、ほぼ全員が高校へ進学する。その生徒たちの卒業後を考えてみると、高校を卒業して社会に出る者と大学や専門学校に進学する者の大きく二つの進路に分けることができる。その中で、卒業後就職等で社会に出る者にとって、高校教育とは、一応そこで学校教育が終了するという意味で「完成教育」となる。しかしながら進学する者にとっては、進学先での学習に備えるための「準備教育」としての側面が強くなる。

この「完成教育」と「準備教育」の二面性を備えている高校教育を、一律に扱おうとしているところに現代の日本における高校教育の大きな矛盾があると考えられる。その矛盾への対応を移行支援としての学校教育として取り扱おうとしている。

▶台湾での輔導教育

「完成教育」と「準備教育」を一律に扱う中で生じているこの大きな矛盾をどうするか。

その点をどう考えていくかを模索する中で、参考となると考えているの

写真1　教員の個人ブース　　　　　写真2　授業担当時間割

が台湾における輔導(ほどう)教育である。

　輔導教育の話をする前に、台湾における高校教育の一端を見ておくことにする。

　写真1は調査で訪問した高雄市にある國立岡山高級農工職業學校(日本の職業高校にあたる)における教員の座席である。日本とは異なり、個人ブースとなっている。台湾では一般的とのことであったが、同行した日本の教員は驚くと同時にうらやましがってもいた。

　写真2は教員個人の授業時間割である。小さくて分りづらいが、学校の授業は1日に8時間あることが分かる。1時間の授業は45分、1時間目は8：10から始まり、最終の8時間目は16：55終了で、授業間休み10分、昼休みが100分であり日本の高校とはかなり様子が違う。

　台湾での進学熱は日本よりも一層高く、学校の授業が終わってから、予備校や塾のようなところに通う生徒も多い。

　このような状況の中で、輔導教育が行われるようになり、また情報教育も学校教育の中心課題として取り上げられるようになった。日本同様、台湾においても情報の適切な活用という情報リテラシーの問題は、子どもたちの成長に大きな意味を持ってきていると考えられているからだ。

　さて、輔導教育とは日本の学校では総合的な学習の時間や特別活動の時間にばらばらに行われているような活動をまとめあげたものと言ってよい。内容的には以下のようなものが含まれている。

① 　心理輔導(カウンセリング)：生命教育、性別平等教育、スクールカ

ウンセリング、グループカウンセリングなど

② 生涯輔導(キャリア教育)：受験方法指導、進路適性、国内外の大学紹介、職業選択など

③ 学習輔導(学習指導)：学習方法指導、時間管理など

④ 家庭教育(親教育)：子育て等についての保護者教育など

⑤ 心身障礙学生輔導(特別支援教育)：個別指導計画の作成など

これらを複数の専任の輔導教師が担当することになっている。

▶移行支援のための教育

さて、台湾で輔導教育として行われているものの中に情報教育は含まれていない。日本と同様に情報という教科が設けられている。ただし、日本における「準備教育」と「完成教育」の二面性が抱える矛盾への対応を考えたときに、情報教育特に情報倫理の問題は避けて通ることはできない。情報倫理に関しても教科分散型で行うのではなく、発達に合わせて情報倫理として一括して扱っていくことが望ましいであろう。

これまで、教育困難校の抱える問題と「学び」をどう考えるかという面から、移行支援の問題にアプローチしてきたが、今後は輔導教育並びに情報教育の視点も加味したうえで移行支援としての学校教育の姿を明らかにしていきたいと考えている。

田邊　昭雄(たなべ　あきお)…総合情報学部総合情報学科社会情報学系教授／専門分野：教育学

第5章　情報×環境

1. 広がるドローンの活用と未来

朴　鍾杰

▶ドローンとは何か

　ここ数年ドローンの話題に多く触れることになった。ドローンという名称は、ハチが飛ぶときの"ブンブン"という雄バチ(drone)の羽音がプロペラの回転音と似ていることから由来した。ホビー用マルチコプターに「ドローン」という名称が用いられたのは、フランスのパロット社が2010年販売した「AR. Drone」(玩具)からである。AR. Droneは拡張現実(Augmented Reality, AR)を利用したゲームを楽しむゲーム用ドローンである。

　ドローンは複数のプロペラを持っており、それを高速回転することで飛行するものである。ドローンは形状によって四つの回転翼(ローター)を持つ「クアッドコプター(quadcopter)」、六つの回転翼を持つ「ヘキサコプター(hexacopter)」、八つを持つ「オクトコプター(octocopter)」などに分けられる。従来の無人飛行機(ラジコン)との違いは自律飛行ができるかの違いである。自律飛行は、ジャイロセンサーや加速度センサー情報を用いてコンピュータ制御により機体を安定させ、GPS(Global Positioning System：全地球測位システム)衛星からの電波を受信し現在地を認識すると同時にコンパスモジュールによって機体がどの方面に向かっているかが判断できるため、あらかじめ指定したルートに沿って飛行することをいう。

▶安全のためのドローンの法規制

　航空法132条はドローン飛行の安全確保のために飛行を制限する法律である(図1)。
飛行が制限される主な空域は
①　航空機の航行の安全に影響を及ぼす恐れがある空域

- 空港周辺の空域
- 一定の高度以上の空域

② 人または家屋の密集している地域の空域

である。規制空域でドローンを飛ばす場合国土交通大臣による許可がいる。

ここで、一定の高さ以上とは150m以上の高さの空域である。また、人口集中地域とは人口密度が 1 km² 当たり4000人以上の基本単位区等が市区町村の境界内で互いに隣接している地域である。詳細場所は国土地理院の地理院地図から確認できる。

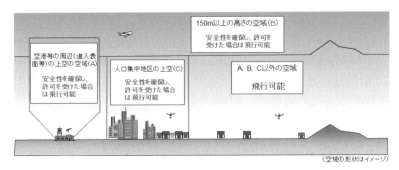

図1 「無人航空機（ドローン・ラジコン機等）の飛行ルール」
(c)国土交通省

▶ドローン活用例その1「人命救助」

ドローンの基本的な装置として、慣性計測装置（IMU）、GPSモジュール、マイクロコントローラーがある。基本装置以外にドローンには応用分野によっていろいろな装置が実装できる。レスキュー分野においては医薬品や浮き具と赤外線カメラを付ける場合が代表的な例である。2018年 1 月18日オーストラリアの海岸で、安全区域の外で高さ 3 mの波にのまれている 2 人の男性が発見され、ドローンによって救助された世界初の事例がニュースになった。近くでドローンによる救難訓練を準備していたライフセーバーが連絡を受け救助（男性たちの捜索と浮き具を正確に

投下)するまでわずか70秒だった。もし、ライフセーバーが直接救助する場合は最大7分程度かかるそうだ。男性たちは浮き具を頼りに自力で無事に砂浜まで着くことができた。その様子はドローンカメラによって記録され、映像はYouTubeで発信された。赤外線カメラ(サーモグラフィー)は海や夜間に人を捜索するのに有効な装置である。サーモグラフィーは物体から放射される熱分布の画像であるため、冷たい海や夜間に温かい人の体温との区別が簡単にできる。

▶ドローンの活用例その2「農業、物流分野」

　農業分野では近赤外カメラが有効である。光における近赤外域は人間の目には見えないが、植物の光合成活動を調べるのに有効な波長である。そのため、近赤外カメラと可視カメラ(一般のデジタルカメラ)によって農作物の生育ステージや病虫害による被害などの様子を地図化することができる。その地図を元にピンポイントでドローンによる農薬や肥料の散布ができるため効率的に農作地を運用することができる。

　物流分野におけるドローンの活躍は多くの企業が注目している。目的地を正確に行くためのGPSモジュール以外に長時間運航と風や雨に耐えられる耐候性が必要になる。天候不順によって生活必需品を離島や山間地域に円滑に配送できない場合、GPSとIoTを活用したドローン配達が有効である。そのため、AMAZONをはじめ、世界各国の大手物流会社はドローンによる配送について実証実験を進めている。

▶ドローンの活用例その3「災害対策」

　災害対策分野でもドローンの活躍を大きく期待している。国際連合の国際防災戦略レポート(2016)では、「地震、台風、洪水と竜巻など自然災害は年々規模が大きくなり、発生率も高くなっている。災害による人命救助において初動や捜索で迅速な活動ができるドローンに注目しているからである。実例として、熊本地震の被害状況把握と断層の様子の確認、口永良部島の火山活動の監視、噴火状況や被害状況の確認、御岳山噴火による行方不明者捜索など2次災害の危険性のため調査

や捜査が困難な地域でさまざまなドローンが利用され成果をあげた。

▶ドローンのこれから

　3D Robotics社のCEOであるクリス・アンダーソンは、"ドローンはただの「箱」にすぎない。その箱をどう使い、何を入れるかによって無限の可能性が秘められている"と語った。ドローンは飛行体として開発が始まり、眼を与えられ作業機器として使われ、操作の自動化と自立化が進み、今後は「飛行できるロボット」としての利用が一層重要な役目を持つことになる。「もしも自分かドローンと同じように飛んだら、どのような行動をするか」を考えると、ドローンに期待することが見えてくる。現在のドローンは操縦者とWi-FiやFPV（First Person View）などでつながっているので操縦者が作業を指示するが、今後のドローンは撮影機能としての「眼」だけではなく、撮影した画像をリアルタイムの識別能力を組み込む「脳」を持つことで、さまざまな高度な作業ができるのである。東京情報大学では人工知能（Artificial Intelligence, AI）を利用した画像解析を行うことで、安全性を優先し人間と一緒に仕事ができるAIドローンロボットの開発に力を注いでいる。

朴　鍾杰（ぱく　ちょんかる）…総合情報学部総合情報学科情報システム学系准教授／専門分野：時系列衛星データを用いた土地被覆変化抽出に関する研究

2. ドローン操縦士を目指そう

鈴木　英男

▶はじめに

東京情報大学鈴木英男研究室では、墜落しないドローンの安全研究を行っているのをご存知だろうか。この項では、将来ドローンパイロット（操縦士）を目指す人のために、ドローンの用語、（ドローン事故を起こさないために）ドローンを飛行させる前に学ぶべきこと、ドローンの飛行原理、ドバイの空中タクシーを紹介する。

▶ドローンの用語

ドローンといえば、4枚プロペラのドローンが有名であるが、ドローン（drone）とは、さまざまな形をした無人航空機（unmanned aerial vehicle）の総称でUAVとも呼ばれる。よく似た用語で、UAS（unmanned aircraft systems）とは、UAV＋地上からUAVをコントロールする基地局＋通信装置を表すので、UAVより意味が広い。ドローンのうち、特に複数のプロペラからなるものをマルチコプターと呼ぶ。

▶ドローンを飛行させる前に学ぶべきこと
～ドローン事故を起こさないために～

ドローンを飛行させるにはさまざまな知識が必要となる。ドローンの原理を知ること、航空法を理解し守ること、必要な資格試験に合格すること、必要に応じて地方航空局に許可を得ること、必要に応じて保険に入ることなどである。2017年11月には岐阜県大垣市で6人が軽傷となるドローン事故が起きた。実はこの事故の加害者は、事前に国土交通省に飛行許可を申請していた業者であり、素人ではなかった。これは、たとえ業者であっても、安全に対する配慮が足りなければいとも簡単に事故

を起こしてしまうという例である。このようにドローンは、誰でもどこでも飛ばしてよいものではない。十分に勉強せずに飛行させると必ず事故が起きるので注意しなければならない。東京情報大学では、ドローンを安全に飛行させるためのドローン安全工学の勉強ができるので、一緒に勉強したい諸君を歓迎する。

▶ドローンの飛行原理

ドローンの動きは、図1のヘリコプターの動きと同じである。前後方向の傾きをピッチ(Pitch)、横方向の傾きをロール(Roll)、機体を上から見た回転方向の傾きをヨー(Yaw)という。図2はPitch軸を下に傾けて機体が前進する状態を、図3はRoll軸を左に傾けて機体が左に進む状態を、図4はYaw軸を右に傾けて機体を時計方向に回転させる状態を表す。

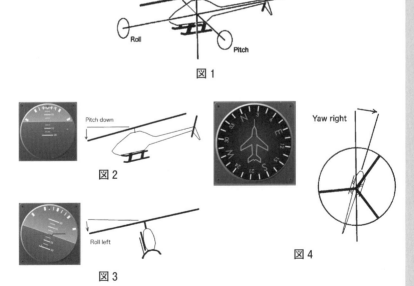

図1

図2

図3

図4

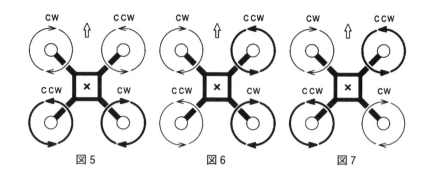

図5　　　　　　　　図6　　　　　　　　図7

　4枚プロペラを持つドローンにおいても、これらヘリコプターと全く同じ動きができることを以下に解説する。図5〜7のドローンにおいて、CWは時計方向に回転するプロペラを、CCWは反時計方向に回転するプロペラを表す。図5のドローンで前二つのプロペラ回転力を弱め、後ろ二つのプロペラ回転力を強めると、図2と同様に前進する。図6のドローンで左二つのプロペラ回転力を弱め、右二つのプロペラ回転力を強めると、図3と同様に左に進む。図7のドローンで二つのCWプロペラの回転力を弱め、二つのCCWプロペラの回転力を強めると、プロペラの反トルクにより、図4と同様にYaw軸を右に傾けて機体を時計方向に回転させる。これらの動作原理により、ドローンは前後左右任意の方向に3次元を自由自在に飛行できるのである。ドローンは、プロペラにより発生する推進力（風力）のみで浮上し、進みたい方向に進むので、外部の風力の影響を受けやすく、簡単に安定性を失うという欠点がある。したがって、風の強い日は危険なので飛行させてはいけないことに注意しなければならない。

▶ドバイの空中タクシー

　ドローンといえば、カメラを搭載した無人のドローンが一般的であるが、有人のドローンも実用化されている。さて、無人航空機を指すドローンが有人とは一体どういうことだろうか。実は、人間が乗る自動運転の航空機もドローンに含まれるのである。2017年春、ドバイ道路運輸局は同

年7月からのマルチコプタータイプのドローンによる空中タクシー開業を発表し、世間を驚かせた。開業は遅れており、2018年3月現在まだ開業には至っていない。だが2018年中には開業する見通しで、2017年は中国Ehang社モデル184とドイツe-volo社Volocopter VC200という2種類のマルチコプターについて幾度となく試験飛行を続けていた。図8にはVolocopterの構造図を示す。Volocopterは18枚のプロペラを搭載しているので、安定性も安全性も高くなっているが、東京情報大学では、Volocopterよりさらに安全なドローンを米国航空宇宙学会で発表予定である。New Fault Tolerant Multicopter でGoogle検索するとSuzuki論文がヒットする ので、興味のある方は検索してみていただきたい。

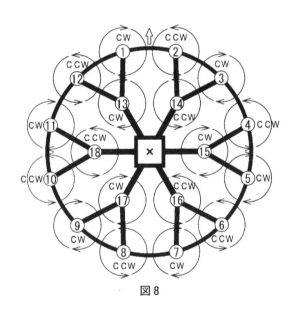

図8

鈴木　英男（すずき　ひでお）…総合情報学部総合情報学科情報システム学系教授／専門分野：安全工学, ドローン, プライバシー, 暗号, 符号

3. 人工衛星が捉えた 夜間画像からわかる 私たちの生活

浅沼　市男

▶人工衛星はどこを通っているのか

　人工衛星に搭載されたセンサーによる地表面のリモートセンシングは、1970年代後半に始まり、多くの目的のために利用されている。TIROSから始まり、NOAA、LANDSAT、TERRA、AQUA、そして最も新しいNOAA20号などの資源探査、気象観測、地球観測衛星は、高度約800kmの上空を、北極と南極を経由して、午前中あるいは午後と毎日ほぼ同時刻に飛来する太陽同期極軌道衛星である。東京情報大学では、2000年以来、TERRA、AQUA、Suomi-NPP、NOAA-20号の太陽同期極軌道衛星に搭載された地球観測センサーによる観測データを直接リアルタイムで受信し、教育研究に利用してきた。これに対して、天気予報でおなじみのひまわりは、高度36000kmの上空を、地球の自転と同期して、いつも同じ位置から地上を観測する静止気象衛星である。

▶人工衛星に搭載されるセンサー

　地球観測センサーは複数バンドの波長帯域に感度を持つセンサーである。センサーは、望遠鏡と地表面を走査するための回転する反射鏡の集光系、集光された光を分光するための分光器、分光された波長ごとの光を検出するための受光素子、受光した光をディジタル信号へ変換するためのAD変換器から構成される。センサーによっては、太陽光の海面からの直接反射を避けるため反射鏡を前後に傾斜させる機能を持つもの、分光のためのフィルターやグレーティングと呼ばれる分光器を組み合わせたもの、受光効率を上げるため複数素子を並べたセンサーなど、観測技術が集約されている。

▶観測されたデータの伝送

　地表面の観測データの伝送方法は、観測衛星の利用方法により、いろいろな手法が取り入れられてきた。観測と同時に地上へ向けて、観測データを送信する放送型のデータ伝送方法は代表的なデータ伝送手法である。この手法では、データ伝送速度にもよるが、直径60cm程度から３ｍ程度のパラボラアンテナを利用し、衛星を追跡しながらデータを受信する。一方、観測データを衛星内に記憶し、大型のアンテナを設置した地上局上空で、一気に地上へ向け伝送するデータ伝送方法を持つシステムもある。人工衛星内にデータを記憶する媒体は、磁気テープから始まり、ハードディスク、そしてSSD（ソリッド・ステート・ディスク）へと変化してきた。コンピュータ技術の発展に大きく支えられた衛星観測システムである。

▶観測データの受信処理

　衛星から放送される観測データは、パラボラアンテナにより受信され、衛星ごとに同期をとるための回路が必要であった。2000年代に入り、コンピュータの高速化が進み、同期をとるための機能がソフトウエアで実現され、受信設備の小型化が進んだ。受信されたデータは、高次処理のコンピュータへ渡され、バンド単位の明るさの強さを示す輝度値へ処理され、さらに、植生分布を示す正規化植生指数、海表面温度などの地球物理量へ変換される。最終的には、エンドユーザーが使いやすいように地図に投影されたデータへ変換される。

▶人工衛星から夜間の地上を観測する

　2011年10月28日に打ち上げられたNPOESSは、NASA、NOAA、NAVYによる３つの衛星プロジェクトが統合されたものである。衛星本体が一体化されるとともに、センサーの統合化も進められ、VIIRS（可視近赤外画像放射計）となった。2017年11月18日には、後継機のNOAA-20号が打ち上げられ、2038年までの継続的な観測が計画されている。
　VIIRSでは、これまでNAVYのDMSP（防衛気象衛星計画）に搭載さ

第１部　情報社会の課題に挑む　*137*

れるOLS（オペレーショナル・ラインスキャン・システム）の夜間観測機能が、VIIRSのDNB（デイ・ナイト・バンド）によりリアルタイムで利用可能となった。これは、受光素子に光電子増倍管を利用し、夜間に地上の微弱な明るさまで観測可能である。

図1は、2017年10月1日午前1時にVIIRSのDNBにより観測された周辺都市の街明かりと日本海の漁火の分布図である。日本では、札幌、仙台、東京、名古屋、大阪、広島、福岡の大都市に生活圏が集中し、地方の過疎化がうかがえる。韓国では、ソウルの他、多くの都市に街明かりが分散し、生活圏がまんべんなく分布していることが分かる。対照的に、北朝鮮の街明かりは全く観測されず、エネルギーの不足が明らかである。中国では長春、吉林が明るく捉えられ、周辺にいくつかの街明かりが点在している。ロシアではウラジオストック、ウスリースクが鮮明であるが、その他の街明かりはほとんど見られない。

日本海上の白点は、漁火である。日本海上に描かれた線は、各国の排他的経済水域（EEZ）である。中央部の囲まれた領域は日本と韓国の主張するEEZがオーバーラップする海域であり、二国間の話し合いが継続している海域である。水深300m弱の大和堆は、各国のEEZが交差する海域に位置する。漁火に注目すると、大和堆に集中的に分布することが分かる。詳細を見ると、日本、中国、韓国の大型漁船による明るい漁火と北朝鮮の小型漁船による小さい漁火が混在している。日本と韓国のそれぞれの主張するEEZのオーバーラップする海域は、両国の統制が機能せず、自由に漁業が展開される海域となっていることが分かる。その他の海域については、海洋法により定義されたEEZを順守する船舶がある一方、EEZを承認していない北朝鮮の小型船舶が自由に操業する様子が捉えられている。日本にとって、広いEEZの海域を常時監視することは難しいものの、漁業資源の節度ある利用のためにも適切な管理が求められている。

浅沼　市男（あさぬま　いちお）…総合情報学部総合情報学科情報システム学系教授／専門分野：衛星海洋学

口絵2　参照

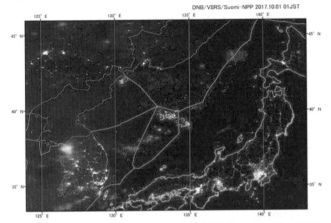

図　Suomi-NPP搭載VIIRSのDNBにより観測された街明かりと漁火の分布

2017年10月1日午前1時JST（日本標準時）
（浅沼市男「人工衛星が捉えた夜間画像からわかる私たちの生活）より」

4. わたしたちの生活に 不可欠となったGPS

浅沼　市男

▶スマートフォン

　多くのスマートフォンにもGPS（グローバル・ポジショニング・システム）受信機が内蔵され、地図機能と組み合わせ、現在位置を地図上に表示可能である。一方で、屋内などGPS衛星からの信号を受信できない場合は、スマートフォン基地局からの位置関係からスマートフォンの現在位置が決定される。スマートフォンの位置情報は、利用するアプリにも依存するが、現在位置から目的地までの経路検索、あるいはサーバーに保存された位置情報から行動記録として参照することもできる。GPSを意識せずに、知らず知らずのうちに、GPSの世話になっている。この機能を利用し、スマートフォンをカーナビと同様に利用することも可能であるものの、自転車に乗りスマートフォンを利用中に、自動車専用道路へ迷い込むなどの事故も発生している。スマートフォンのアプリにより提案される検索経路が自転車あるいは歩行者対応となっていない場合もあり、慎重な利用が求められる。

▶カーナビ

　スマートフォンあるいはカーナビで採用されるGPSの位置出し精度は、GPS受信機により異なるものの10m程度の位置誤差を持つ。カーナビでは、GPS受信機により得られる位置情報について、最も近くの道路上を検索し、カーナビ搭載車の現在位置を地図上に表示する。カーナビに表示される現在位置は、ほとんど誤差がないように見られるが、カーナビ内において最も近くの道路に現在位置を表示するようにプログラムされているためである。時として、高速道路の側道を走行中に、現在位置が高速道路に内に表示された経験もあるかと思う。これは、誤差を含む

140　第1部　情報社会の課題に挑む

GPSによる位置データから最も近い道路を検索し、現在地を表示しているためである。しばらく走行し、走行中の道路が高速道路とある程度の距離となった時に、本来の道路がGPS位置データに最も近い道路となった段階で、カーナビ上の現在位置が実際に走行中の道路へ移動する。また、交差点の通過については、カーナビ内のデータとして通過経路をあらかじめ登録する。海外のカーナビシステムの開発に携わった方の話によると、どの車線からどのように右折あるいは左折し、どの車線へ侵入するのか不明な場合は、確認のため現地へ出張し、交差点の通過方法を調べることもあるそうだ。

▶衛星測位システム（GNSS）

米国はNAVSTAR衛星と呼ばれる30個を超えるGPS衛星を利用し、衛星測位システム（GNSS）を運用している。米国の衛星測位システムは、仕様が公開されていることから一般的に衛星測位システムとして利用され、通称GPSと呼ばれている。同様の機能を提供する衛星測位システムとして、日本は準天頂衛星みちびき（QZSS）を、ロシアはGLONASS衛星を、中国は北斗衛星（BDNSS）を、ヨーロッパはガリレオ衛星を、インドはIRNSS衛星をそれぞれ運用している。

米国の衛星測位システムは、高度約22,000kmの六つの軌道に各4機のGPS衛星を配置し、地上のどこからでも3個以上の衛星を観測可能なように設計されたシステムである。それぞれの衛星は半日で地球を一周する準同期軌道である。地上のGPS受信機は、四つ以上の衛星からの信号をL1波長帯の電波（1.57542GHz）により受信し、衛星の位置情報と衛星からの電波の伝搬時間から、GPS受信機の位置を計算する（図1）。

▶ディファレンシャルGPS（DGPS）

GPSの持つ10m程度の測定誤差を軽減するために、1m程度の測定誤差となるディファレンシャルGPS（DGPS）が利用されてきた。DGPSは、基準点となる位置情報の確定したGPS受信局から、中波帯の電波

（309KHz）により、GPSの誤差補正情報（ディファレンシャル・データ）を発信している。DGPSを利用するためには、DGPSに対応したGPS受信機とDGPSビーコン受信機、あるいは両者の一体化された受信機が必要である。日本では、海上保安庁が1997年から運用を開始したが、2019年3月1日に運用を終了する予定である。DGPS装置内の時刻管理が不能となるロールオーバーの発生が2019年4月に予想されること、また、準天頂衛星によるGPS運用が本格化するためである。

▶準天頂衛星「みちびき」

　日本の衛星測位システムを構成する「みちびき」は、日本上空に常時見えるように飛行することから準天頂衛星と呼ばれ、現在利用可能なGPSと同等の信号を発信し、GPSと合わせて測定位置精度の補完・補強を目的とする衛星である。JAXAにより開発と打ち上げが行われ、内閣府により運用される。みちびき1、2、4号は、地球に最も近い高度（近地点）として約32,000km、地球から最も遠い高度（遠地点）として約40,000kmの準天頂軌道を採用する。みちびき3号は36,000kmの静止軌道である。準天頂軌道の場合、北半球の約40,000kmの遠地点では、近地点よりも長時間にわたり飛行する8の字の形状の軌道であり、地上において在来のGPSと合わせ、位置信号を受信可能となる。特に、ビルの間の街並み、山並みの迫る山岳地帯において、位置精度の向上が期待されている。みちびき3号は、位置信号と同時に、地上からの災害情報などを放送する機能を持つ。

▶みちびきによるセンチメートル・オーダーの位置測定

　みちびきによるセンチメートル・オーダーの位置精度は、みちびきから送信される予定の測位精度向上のための補強信号を受信することにより実現する。このサービスはセンチメータ級測位補強サービスと呼ばれ、衛星測位システムの信号を受信する電子基準点（国内の水準点、三角点）の位置情報をもとに国土地理院において作成される補強信号を利用する。みちびきから送信される補強信号を、専用の受信装置により受

信することで、特定の基準点に依存することなく、センチメートル・オーダーの位置精度が実現可能となる。課題は専用の受信装置の低価格化と普及である。みちびきの長期にわたる継続性が約束されないことには、資本投資の効率が悪くなるので、低価格化と普及は望めない。

▶地球観測衛星の位置情報もGPSを利用

情報大学で直接受信する地球観測衛星Terra、Aqua、Suomi-NPP、NOAA-20は、高度約800kmを飛行し、衛星の位置出しのため、さらに上空の高度22,000kmを飛行するGPS衛星の信号を受信し、時刻、衛星位置を決定している。衛星位置情報を精度良く求めることで、観測センサーにより得られた地表面データの位置精度が向上する。

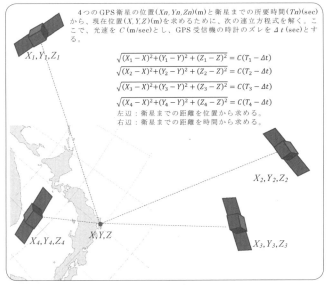

4つのGPS衛星の位置(X_n, Y_n, Z_n)(m)と衛星までの所要時間(T_n)(sec)から、現在位置(X, Y, Z)(m)を求めるために、次の連立方程式を解く。ここで、光速をC(m/sec)とし、GPS受信機の時計のズレをΔt(sec)とする。

$$\sqrt{(X_1-X)^2+(Y_1-Y)^2+(Z_1-Z)^2} = C(T_1-\Delta t)$$
$$\sqrt{(X_2-X)^2+(Y_2-Y)^2+(Z_2-Z)^2} = C(T_2-\Delta t)$$
$$\sqrt{(X_3-X)^2+(Y_3-Y)^2+(Z_3-Z)^2} = C(T_3-\Delta t)$$
$$\sqrt{(X_4-X)^2+(Y_4-Y)^2+(Z_4-Z)^2} = C(T_4-\Delta t)$$

左辺：衛星までの距離を位置から求める。
右辺：衛星までの距離を時間から求める。

図1　4つのGPS衛星を利用した現在位置の求め方

浅沼　市男（あさぬま　いちお）…総合情報学部総合情報学科情報システム学系教授／専門分野：衛星海洋学

5. 地球温暖化による
生物の分布の変化を予測する
～予測地図の作成と利用～

富田　瑞樹

▶地球温暖化の進行

　近年の地球温暖化の進行に伴い、雪氷量は減少し、海面水位は上昇しつつある。地上（陸域＋海上）の平均気温は、1986〜2005年の平均を基準にすると1880〜2012年の間に0.85度上昇しており、長期的に上昇傾向にあることは疑う余地がないとされている。ほぼ同期間における観測結果においても、極域の海氷面積は1979〜2012年の間に10年あたり9.4〜13.6％の割合で、北半球の積雪面積は1967〜2012年の間に10年あたり1.6％の割合でそれぞれ減少し、世界平均海面水位は、1986〜2005年の平均を基準にすると1901〜2010年の間に0.19m上昇している。

▶地球温暖化の原因と予測

　温暖化についての科学的知見を収集・評価し、温暖化の影響や温暖化への対策効果を検討する専門家の集まりである「気候変動に関する政府間パネル（Intergovernmental Panel on Climate Change、IPCC）」は、2100年には世界平均地上気温が1.8〜4.0度上昇すると予測している。IPCCの報告では、地球規模での気温や水温の変化が海面上昇や降水量の変化を引き起こすこと、洪水や台風、猛暑などの異常気象を生じさせることが懸念されている。少なくとも過去数十万年の間に地球は寒冷な氷期と温暖な間氷期を繰り返してきたが、近年の気温の上昇は、このような自然要因による気温の変化よりも、化石燃料の使用や土地開発などによって発生した温室効果ガス（二酸化炭素やメタンなど）に強く影響されて生じているとされている。すなわち、今後100

年間ほどの近い将来における気温上昇の程度は、人間活動で生じる温室効果ガスの排出量を予測することによって見積もることができる。温室効果ガスの排出量は社会経済の発展や国際的な気候政策に大きく依存するので、IPCCは排出量が低い場合から高い場合までの四つのシナリオを想定して、温室効果ガスの排出量を見積もっている。この排出量のばらつきに応じて、2100年の気温の予測値にも1.8～4.0度と幅がある。将来の不確実性を考慮した予測値なのである。

▶地球温暖化は何をもたらすのか?

　温室効果ガスの増加と、それに伴う気温の上昇は、生物や生態系に何をもたらすのだろうか。たとえば、極地方や高山帯などの寒冷地における動植物の生息・生育地の面積が減少し、その絶滅リスクが高まると予想されている。今からおよそ7000～9000年前の縄文時代早期に急激な気温上昇が生じ、当時の海水面が上昇していたことは縄文海進として知られている。ある研究では、現在の立山に生息する天然記念物のライチョウの個体数は縄文時代に激減し、その後に回復したと推定されている。気候が現在よりも1.0～2.0度ほど温暖だった縄文時代に高山帯の生息域が減少したことがその原因と考えられ、将来の温暖化でも似た状況になる可能性がある。

　同様に、房総丘陵に生育する針葉樹ヒメコマツの分布は丘陵の尾根に限られている。他の地域から隔離された状態でヒメコマツが房総半島南部の丘陵地のみに分布するのは、現在よりも寒冷な氷期に低地にも分布していたヒメコマツが、温暖な間氷期へと時代が進むにつれて低地から姿を消し、丘陵地の尾根に残ったためと考えられている。現在、これらのヒメコマツの個体数がさまざまな要因で急減しつつあり、千葉県内のヒメコマツ個体群の絶滅が危惧されることから、その保全対策が進められている。

　また、低緯度地方におけるデング熱などの感染症を媒介する蚊が生息できる温度域が高緯度地方にも広がることで、これらの蚊の分布範囲が拡大する恐れがあることも予想されている(ただし、すぐに感染症が流

行する、あるいは、感染の可能性が高まるわけではない）。他にも、大気中の二酸化炭素濃度の増加と気温の上昇による植物の光合成の促進や農作物の生産適地の変化、鳥類の繁殖開始時期と餌となる昆虫の発生時期のずれ、植物の開花時期と送粉者である昆虫の発生時期のずれが生じることによる種間相互作用の変化（鳥類の餌不足や植物の結実率の低下）など、さまざまな影響が生じることが予想、あるいは既に観察されている。しかし、生態系は複雑系であるため、温暖化によって生じる影響を正確に予測するのは困難なことが多い。

▶温暖化対策における地理情報システムの活用

　温暖化による生物や生態系への影響を推測するにあたり、その現在の分布を明らかにすることと、その変化を予測することは重要である。地理情報システム（Geographic Information System、GIS）はこうした分布図や予測図の作成に極めて有効なツールである。本学の大学院生は、本学が受信している衛星データから作成されたブナ林の分布をもとに現在のブナ林の分布を説明する統計モデルを構築し、そのモデルに将来の気候条件を代入することで、温暖化が生じた際の、ブナ林の分布適地の予測図を作成した（図１）。その結果、日本海側の多雪地に広がるブナ林の適地が温暖化によって減少、北上することが示唆された。IPCCの低排出シナリオと高排出シナリオとを比べると、高排出の場合に適地がより大きく減少することが示された。このような、現在の生物や生態系の分布を説明する統計モデルに将来や過去の気候条件を代入して、将来の分布を予測、あるいは、過去の分布を再現する研究が、近年、増えてきている。コンピュータやGISの発展と、世界・国レベルでの気候データの蓄積・公開がこうした研究の進展を支えている。これらの研究成果は科学的知見にもとづいた温暖化対策や気候政策の決定に用いられることがある。

富田　瑞樹（とみた　みずき）…総合情報学部総合情報学科情報システム学系准教授／専門分野：環境復元論，生態学

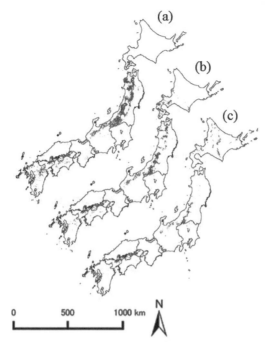

図1　温暖化が生じた際のブナ林の分布適地予測図。
(a)現在の分布、(b)低排出シナリオ条件下の分布、
(c)高排出シナリオ条件下の分布

6. 環境と防災・減災に役立つ ITとは

原　慶太郎

　21世紀の環境問題の課題は「サステイナビリティ（持続可能性）」と「レジリエンス（回復力・復元力）」である。地球規模では、70億もの人口をかかえた宇宙船地球号が、地球温暖化や大気・海洋汚染などの大きな課題を解決しつつ、次の世代にどのように良好な質の環境を受け渡していくのか、すなわち持続可能性を高めた環境管理を進めるのかが課題となっている。日本に問題を絞ると、江戸時代以降、疫病や飢饉などの影響で短期間の減少はあったものの、増加し続けてきた人口が2005、6年頃を境に減少に転じた。人口減少・少子高齢化社会のなかで、里山など人手をかけて維持されてきた環境をどのように管理していくのかという新たな課題が生じている。一方で、地球温暖化の影響といわれるが、近年、これまでにない大規模な台風の襲来や集中豪雨など、極端気候とよばれる気象現象が大規模な災害を引き起こしている。さらに、地殻の活動期に突入したといわれ、阪神淡路大震災や東日本大震災など巨大地震と沿岸部の津波被害、さらには火山噴火による被害が続いている。このような中で、未来に対して見通しをもって対応し、安心・安全を確保しレジリエンスを高めた社会の在り方が求められている。

　この持続可能性とレジリエンスを高めた地域コミュニティーをつくるために、どんなことが必要になるのだろう。

▶持続可能で災害に強い社会

　まず、持続可能性について考えてみる。1992年、ブラジルのリオ・デジャネイロで開催された国連環境開発会議で、世界の環境問題の解決に向けた大きな理念として、持続可能な開発（発展）（Sustainable Development）が掲げられた。ここで持続可能な開発とは、将来の世

代の欲求を満たしつつ、現在の世代の欲求も満足させるような開発を指す。現代の技術や社会のシステムが、現在および将来のニーズを生み出す可能性に制約を課すことがありうると明確に認識し、将来の世代の「ニーズの充足（満足）」を現世代の満足と同様に重視する、ことが必要である。経済的な持続可能性は社会的な持続可能性に支えられ、社会的な持続可能性は生態系の持続可能性、すなわち自然環境と人間の良好な関係があってはじめて確保することができる。2015年には米国ニューヨークで国連持続可能な開発サミットが開催され、持続可能な開発目標SDGs（Sustainable Development Goals）が示され、目標の実現に向けた取り組みが始まっている。

　次にレジリエンスについてどう対応したらよいのだろう。レジリエンスは、「はね返り」や「元気の回復力」などの意味で用いられる。英国の王立協会では、「レジリエンス・シティ」というプロジェクトを立ち上げたが、ここでは、「個人・地域社会・人間社会と自然生態系を含む社会生態系が、たとえ自然災害にあったとしても、存続・適応・発展し、さらには新しい状態へ大きく転換すること」としている。日本では、地震や津波への対応や、台風や集中豪雨による洪水対策など、さまざまな自然災害への対応が求められている。これまで、たとえば洪水に対しては河川の堤防を強固で高くすることで対応してきた。しかし、人口減少社会に突入したこれからは、保守や改修の費用をこれまでのようにかけることができなくなり、自然の力を活かした対応が求められている。わが国では、2011年の東日本大震災以降、生態系を活用したリスクの減少という意味で、生態系による防災・減災（Eco-DRR）という言葉を耳にするようになった。「持続的でレジリエントな発展を目指して、生態系の管理、保全と復元を行うこと」とされている。

▶ITをよりよい社会づくりに活かす

　それでは、持続可能でレジリエントな社会をどのように築いていけばよいのだろう。鍵になるのは「情報」である。環境を適正に管理していくためには、環境に関する情報を的確に収集、蓄積し、必要に応じて解析

第1部　情報社会の課題に挑む　*149*

し、結果を関係者で広く共有していかなければならない。管理（マネジメント）には数多くの意思決定が伴い、意思決定は情報を根拠にしてなされる。適正な管理には、適切な時間・空間スケールに即した情報が必要である。まず、環境情報の収集の際、特に広域的な情報の取得にはリモートセンシングの技術は極めて有効である。衛星から航空機、最近ではドローンを用いて離れたところからさまざまなデータを取得できる。収集したデータを解析するには、地理情報システム（GIS）が欠かせない。それは、環境情報が位置座標をもった空間データであるからだ。社会環境・自然環境に関する情報を、個々にコンピュータ地図の上に並べていく作業である。それらを重ね合わせて、相互の関係を解析すると、これまで見えなかった興味深いことが現れ、目的に応じて可視化の技術を用いて表現したり、現象を説明するモデルを構築したりする。

　もう一つ、レジリエンスが高く、安全・安心な社会の実現のためには、想定される災害の地図化が不可欠である。洪水や地滑りが想定される地区では、市区町村レベルで危険度を示すハザードマップが作成され、

図　米国ニューヨーク市のWebGIS

避難所となる公園や水質までWebで表示される。
http://maps.nyc.gov/doitt/nycitymap/

150　第1部　情報社会の課題に挑む

地図情報としてWebから自在に操作できるところもある。災害が起きたときに、拠点となる避難所の場所と看護・介護などの配置を有効に進める。生態系を活かした防災・減災を進めるためには、自然がもつさまざまな機能を地図上にデータベース化して、想定される災害に対して有効に機能するような取り組みを進めなければならない。いずれも、「地図」上での情報、すなわち空間情報を管理するGISが活躍する分野である。スマートフォンが普及した現在、SNSなどのサイバー空間において、位置座標をもった空間情報のやり取りが容易になってきた。これらのツールも有効に活用しつつ、サステイナビリティとレジリエンスを高めたコミュニティーづくりを進めていきたいものである。

原　慶太郎(はら　けいたろう)…総合情報学部総合情報学科情報システム学系教授／専門分野：環境情報論

第6章　情報×社会

1. ICTの進化で会計の仕事は なくなってしまうの?

斎藤　隆

　ICT（情報通信技術）のすさまじい進化で、これまで人間にしかできなかった仕事の多くがロボットなどの機械に代わられようとしている。

　英国オックスフォード大学「雇用の未来」によると、「消える仕事」「なくなる職業」の一つに「簿記、会計、監査の事務」が挙げられている。

　本当にそんな社会が訪れるのだろうか。

▶RPAで変わる労働

　「消える、なくなる」を後押しするICTとして、クラウドコンピューティング、ビッグデータ、AI（人工知能）、FinanceとTechnologyを結合した造語であるFintechが挙げられる。Fintechには電子マネー、クラウドファンディング、仮想通貨等が含まれる。

　「後押しするICT」に最近、「RPA（Robotic Process Automation）、ロボティック・プロセス・オートメーション」が加わった。RPAとは、「認知技術や機械学習等を活用した、事務作業（ペーパーワーク）の自動化の仕組み」である。デジタルレイバー（Digital Labor）、仮想知的労働者とも呼ばれる。ただし、産業用ロボットやルンバやペッパー君のような「ロボット」ではない。RPAは「定型的な反復的な作業」の「操作手順」を記録したソフトウェア群のことである。それを利用すると、画面上のアプリケーションや入力項目等を識別し、人と同じような操作を行うことができるソフトウェアのことである。国でも、平成28年11月に経済産業大臣から「RPAを活用して、国会待機のために職員が長時間労働することを是正する」との発言があった。日本RPA協会によると、「2025年までに全世界で1億人以上の知的労働者、もしくは1/3の仕事がRPAに置き換わる」とい

152　第1部　情報社会の課題に挑む

われている。ぜひ一度、日本RPA協会ホームページ（http://rpa-japan.com/）に掲載されている動画の視聴を勧めたい。

▶クラウド会計の普及で変わる経理の仕事

　ここで改めて、「簿記、会計、監査」の社会での役割を確認してみたい。「簿記」とは、会社の日記帳をつけることである。モノを売る、買う、従業員に給料を支払う等々、会社の日々の活動を借方と貸方の「仕訳」で記録することである。「会計（企業会計）」とは、会社の損益を計算し報告することである。損益とは売上（収益）から費用を差し引いた結果であり、プラスが利益、マイナスが損失である。簿記で記録された会社の日々の活動は、売上または費用に集約される。会社は「営利企業」とも呼ばれ、利益をあげることに、その存在意義がある。また会社は「社会の公器」ともいわれるように、経営の透明性が求められている。その説明責任の履行手段としての役割が、会計には課されている。「監査」とは、会社の損益計算が正しいか否かを、客観的に検証することである。会社の説明責任を担保するための役割が、監査には課されている。「簿記、会計、監査」はいずれも、現在も将来も社会にとって不可欠な仕事であり、その中核は「会計」である。したがって、いくらICTが進化しようとも、「会計」はなくなってしまう仕事ではない。ただ、その作業過程における「事務的な仕事」の担い手は、人からICTに取って代わる。現在でも、認知技術や機械学習の精度向上により、紙の領収書や請求書を読み取り、「仕訳」を自動生成する、いわゆる「クラウド会計」が広く浸透しようとしている。それは、経理担当者の削減をもたらしている。

▶EPRが変えた会計情報

　会計の世界では、「ERP（Enterprise Resource Planning）」という種類のICTが登場して、従来からの会計システムに比べ、情報内容の的確性と提供の迅速性が向上し、意思決定情報としての会計情報の有用性が飛躍的に高まった。なぜ高まったかというと、ERPは統合型基幹業務システムとも呼ばれるように、それは単なる「会計システム」ではな

第1部　情報社会の課題に挑む　153

い。販売システム、購買システム、生産システム、人事システム等々の「会社の日々の活動」を担うシステムをワンパックにしたシステムであるからである。そして、RPAは、人とERPとの接点部分の仕事の、さらなる自動化をもたらしている。監査の世界でも、例えば、入場ゲートに設置した監視カメラの画像データから入場者数を把握して、あるいはfacebookやTwitter等のSNSでの、膨大な「つぶやき」の中からその会社の商製品の売れ行きを分析して、会社が計上した売上高の正確性を検証しようとする試みも始まっている。

▶ICTで進化する会計の仕事

　このように「簿記、会計、監査」の世界でも、ICTの活用度合いは今後ますます高まる。しかし「ICTが進化すると仕事が奪われる」と否定的に考えてはいけない。「ICTの進化」は、個人にとってはワークライフバランス改善に、社会にとっては少子高齢化対策に、大いに寄与することと、前向きに考えることが重要である。では、将来、社会人となる皆さんにとって、どうしたらいいのか。仕事を「会計」関連に限定するなら、さまざまな利用目的を持った会計情報（意思決定情報）の利用者の立場から、その利用目的を満たすためにRPAをどのように活用したらよいかを提案できる会計人を目指すことも、仕事選びの選択肢の一つとして勧めたい。そのためには、「会計」の専門的知識の習得と実務経験の蓄積、およびコミュニケーション力が不可欠である。いずれも、すべて時間がかかることである。その準備を怠れば、「仕事が奪われる」ことになるかもしれない。

　会計人に限らず、いかなる職業に就かれようと、これからの社会人にはそのこと、すなわち「専門的知識の習得と実務経験の蓄積とコミュニケーション力が不可欠」を、今から心にとどめておいていただきたい。

斎藤　　隆（さいとう　たかし）…総合情報学部総合情報学科社会情報学系教授／専門分野：経営情報システム論

154　第1部　情報社会の課題に挑む

2. 感情（＝“情”報）の心理学

小早川　睦貴

▶感情の本質は何か　機械と人間の違いは何か

人の心はあいまいでつかみどころがないが、そのような人の心をデータ化することで把握するのが心理学である。そのような点で心理学は人間情報学と呼べるような研究領域である。人の心や行動に関するあらゆる現象が心理学のターゲットだが、なかでも感情は、未来の心理学および情報学を考えていく上では重要である。なぜなら、感情の働きを人工的に再現することは、今のところ十分にはできていないからである。記憶や計算は人間が機械にかなわないことは異論がないだろうし、近年では将棋や囲碁など、人間の文化的な営みと思われていた思考という領域にも人工知能が進出してきている。文字や絵の認識はすでに高いレベルで可能だし、顔認識に関してはスマートフォンのカメラでもおなじみの機能である。しかし、感情に関してはどうだろうか。「感情を持つ」とされる人工知能はたしかに存在するが、前述したような記憶、計算、文字や画像の認識のレベルに至っているとは言い難いだろう。そんなことはないと思われる読者もいるかもしれないが、そう思う人でも「仲良しのロボットを笑わせたくて思案した」とか「人工知能をひどく怒らせてしまって、大けんかになった」という経験はないだろう。

▶感情は生きるためにある

なぜ、今のところ、感情を持つ機械は存在しないのだろうか。この問いに対する答えはいくつかあるが、まず本質的な理由として「感情は、それを持つ個体の生存のために必要なものだから」という点が挙げられる。例えば、恐怖という感情は目の前の相手や事態から自分の生命や所有物を守るために、逃げたり身を守ったりするなどの行動を起こすために必

第1部　情報社会の課題に挑む　*155*

要である。たとえば、脳内の恐怖に関する中枢が壊れてしまった患者さんは、クモやヘビなどに平気で近づいてしまうことや、強盗に襲われてもケロリとした様子であったことなどが報告されている。もし、機械が恐怖という感情を本当の意味で持つことがあるとしたら、この「自分の生命を脅かす相手や事態」という事柄も認識している必要があるわけである。恐怖以外の、喜びや怒りなど、その他の感情についても、基本的には行動と結びつく点は同様である。そのような意味で、感情を有するということは自己やその保存といった、極めて人間的な精神活動につながるものであるといえる。

▶感情は行動選択のためにある

　感情が生きるためにあるということを、もう少し具体的に説明すると、感情は行動の選択に用いられると表現することができる。行動を選んだ先にある結果は、未来にしか存在しない不確かなものである。また、行動を選ぶために何を基準にしたらいいのかは、しばしばあいまいだったり、そもそも不明だったりする。そのため、数学の方程式やコンピュータプログラムから導き出されるような、100%確実な選択ということは、現実にはありえない。人が行動を選ぶときには、多かれ少なかれ、理性的な判断と感情的な判断の両方を使っているものの、全く感情を排除した理性的な判断というのは有り得ないし、また情報処理の負荷が大きいのである。不確かな状況でスムーズに行動を選択するために人は、感情の情報を利用している。

　たとえば、極端な例だが、運転している車のブレーキが壊れてしまって、ハンドルも限られた範囲しか操作できない状態になったとする。そして、「大人」と「子ども」のいずれかしか避けられないとき、どちらを避けたら良いだろうか。では、この選択肢が「妊婦」と「高齢者」だったら。「赤信号を守らず車道を渡る人」と「万引きして逃げている途中の人」だったら。

　このような、どちらを選んでも犠牲者が出てしまう、非常に悩ましい状況でどちらかを選ばなければならない形式の問いは、モラルジレンマ課

題と総称され、哲学や心理学の中で多く用いられてきた。脳機能解析の研究からは、モラルジレンマ課題を遂行中の脳内では感情に関わる中枢の活動が大きいことが示されている。つまり、どちらも選べないという悩ましさを感じているとき私たちは、感情機能を働かせて行動を選ぼうとしているのである。

ここで言う感情の情報とは、過去の経験や自己の価値観、また現在自分が置かれた状況などを総合的に捉えるための指標と言い換えられる。例えば振り込め詐欺のような犯罪は、不安などの感情を与えることで、理性的な判断よりも感情的な判断を優位にさせ、それによって行動の選択を操作しているとみなせる。また、筆者らの検討では、パーキンソン病という疾患を持つ人々において、感情を伴う行動選択(たとえばギャンブルのような場面での行動選択)に成績低下がみられることがわかった(図1)。また、それと関連してパーキンソン病の人々では、脳内の眼窩前頭皮質と呼ばれる脳部位の体積が低下していた。この脳部位は損得の感情処理と関連し、長い目で見た場合の損得を認識するために重要とされている。この他の研究からも、感情を利用した行動選択というプロセスには、"将来"とか、"損得"といった概念が関連しており、それらを機械が獲得していくためには、時間軸の中で一貫して位置づけられた"自己"という概念を持つ必要がある。

ここまで見てきたように、人工知能が感情を持つためには、感情の働き、ひいては自己を認識する働きが前提となっていることがわかる。これらについては、心理学の領域においてもまだまだ解明されていないことも多く、研究の余地が大きい。ちなみに、上で述べたモラルジレンマ課題

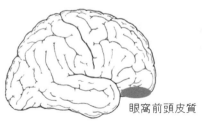

図1　眼窩前頭皮質のおよその位置
この領域は損得の長期的なバランスの維持に役立っていると考えられている

については、現在マサチューセッツ工科大学の研究グループによる「モラルマシン」というプロジェクトにおいて、人工知能に多数の人間の考えを教え込ませるという試みが行われている。これは、自動運転技術で用いるための人工知能を開発するために行われているプロジェクトだ。このプロジェクトの内容を考えても、やはり現段階では、感情そのものを人工知能に身につけさせるという方向でなく、人間が答えを教えてあげるという方法が用いられているわけである。人間の感情の仕組みの解明、及びそれを模した人工知能の開発は、まだまだこれから先も大きな課題であることが予測される。

▶ **感情はコミュニケーションを変える　コミュニケーションで変わる**

　感情の心理学を考える上で、より近い未来において重要となるのが、感情がコミュニケーションで果たす役割についてであろう。これまでの研究では、表情や身振りなどを刺激とした研究が行われてきた。もちろん、どんなに未来になっても表情や身振りで人間がコミュニケーションを行っていくこと自体は変化しないだろう。しかし、その間に介在する媒体や、コミュニケーションの相手には、変化があるかもしれない。例えば、現在すでにインターネットが一般的になっているように、今後は遠隔的な状況におけるコミュニケーションがより普及していくだろう。その中では、これまで対面で行われたコミュニケーションとは異なる情報が重要となってくる可能性もある。インターネット電話が今以上に普及すると、画面上の相手の顔を見てコミュニケーションを取っていくことが増えることが予想され、今よりも顔から発せられる感情情報がコミュニケーション上重要になっていくことも考えられる。

　一方で、ソーシャルメディアでみられるような、文字を使って多数の人々とつながるようなコミュニケーションも、これまでにはない心の機能の変化をもたらす可能性もあり、とくに、文字以外の記号や絵文字といった要素は、顔や身振りにはないような、感情伝達上の役割を担っていくことが予想される。

　筆者のこれまでの取り組みとして、身振りを電子的な情報として表現

するために、モーションキャプチャーを用いて、顔や人物などの情報を取り除いたワイヤーフレームの感情動作刺激を作成し、標準化を行った（図2）。これまでにはインターネット上で身振りを伝達することはあまりなかったが、このような電子的な情報で身振りを表現することで、絵文字や顔文字で伝えられない情報を伝達することもできるだろう。

　また、人間どうし以外のコミュニケーションだけでなく、未来の心理学では機械と人間のコミュニケーションについても、より深く検討を行っていくことが重要になる。人工知能がますます発展していくにつれ、日常のさまざまな場面で人間と機械とがコミュニケーションをとることが増えていくだろう。その中では、人どうしでは見られなかったようなメリットや反対に機械特有のトラブルも出てくるかもしれない。ソフトバンク社の開発したロボットであるPepperは人とのコミュニケーションを売りとして、接客や公共機関での対応に用いられ始めている。筆者らが現在進行中の研究では、このPepperを用いて、介護施設を利用する人々に対する感情的影響について、検討しているところである。加齢や認知症などの脳疾患を有することによって人とのコミュニケーションにはさまざまな変化が起こるが、こうしたコミュニケーション上の変化として、ロボットとのコミュニケーションで良い効果がもたらされることを期待したい。これまでには無かったような、新たなコミュニケーションの形が生まれた場合、そこに何らかの心のやり取りがあるのなら、心理学の知見や方法論が活かされることだろう。

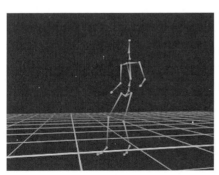

図2　モーションキャプチャーにより作成された感情動作刺激
実際には動画刺激であるため、静止画ではどのような感情か分からないかもしれない

▶感情の心理学(="情"報学)の未来

　情報学の果たすべき役割は何だろうか。筆者は、"変化をとらえること"だと考えている。また、変化をとらえることは"変わらない本質をとらえること"とも裏表の関係である。私たちをとりまく社会はこれからも変化しつづけ、予測もつかない変化が起こるかもしれない。その中でも、人間の心の本質的な部分が大きくことは変わることはないだろう。ここで述べた感情の機能も、やはり今後変わらず存在しつづけるものの一つだと思われる。これまでにも、心理学的研究で解明された感情のメカニズムは、さまざまな技術やサービスの中に実学として活かされている。今後、社会と人間の関わりが変わりゆく中で、感情が果たしている役割を明らかにしていくのが、未来の心理学の役目なのではないだろうか。情報学という熟語にも「情」という漢字が含まれているのも何かの縁なのかもしれない。感情という心の働きからデータを取り出し分析する、心理学は"情"報学そのものなのである。

小早川　睦貴(こばやかわ　むつたか)…総合情報学部総合情報学科社会情報学系助教／専門分野：認知心理学

3．進化するスポーツ指導

石井　政弘

▶スポーツと映像情報

近年、スポーツ試合のTV中継などを見ていてもさまざまな映像情報機器が急速に導入されてきている。特に、審判技術に関して四大大会テニスなどではインアウトの判定補助に複数台のカメラ使用し、即座に3次元的な分析を行い、2－3秒でCG映像による判定結果を表示する「チャレンジシステム」があり、バレーボールやサッカーなどでも同様の方法が活用されている。また、2017年日本プロ野球ではKDDIと北海道日本ハムファイターズが実験的に4D REPLAY,Inc.社が開発した「4D REPLAY（自由視点映像システム）」といったものを活用した試合が行われ、ホーム上のクロスプレーが翌日のスポーツニュースを盛り上げた。決定的な判定場面などを3次元+時間の流れで見る4次元といった意味あいだと思われるが、このTV中継をみた人も多いと思う。新聞などの記事によれば100台のカメラを用いて5秒で編集配信を行うとしており、かなり大掛かりなシステムであることは間違いない。

これらの映像技術や通信技術を4K動画やスロー撮影も可能な近年のデジタルビデオカメラ、さらにはyoutubeなどの動画も簡単にみられるスマホ、タブレット等の携帯情報機器の普及にあわせ、比較的安価なコストで一流選手だけでなく中学生や高校生のスポーツ指導場面にも活用する例が増えてきている。陸上競技の試合では、フィールド種目の1本ごとの試技動画をデジカメやタブレットで撮影し、コーチが観客席から選手へ見せることは今のルール上では合法となっている。選手自身が映像情報機器を試合中に競技場内に持ち込むことはできないが、練習の場では中学生でもお互いにパフォーマンスを撮影している光景は当たり前になってきている。さらに一歩進んで、映像をネット上に置き、選手やコー

第1部　情報社会の課題に挑む　161

図1　東京情報大学のスポーツ情報論授業より
授業の中で学生の動作を2台のビデオカメラで撮影し3D分析のあとCG化

チ、関係者がPCやスマホで共有確認できることは、もはや市民大会レベルの選手でも多く行っていることである。

　少し高いレベルの選手をみると、複数台のカメラを用いて3D分析を行い、選手にフィードバックするシステムが実用化されている。映画製作などに使われている、いわゆるモーションキャプチャーとほぼ同様の技術になるが、ソフトウエアは別としても基本的にビデオカメラ2台、PCが1台あれば分析が可能である。3D分析そのものは30年以上前からスポーツの現場で使われており、現代においては高度な知識がある専門家が必要ではあるものの、安価なシステムでリアルタイムに近い状態でコーチや選手にデータを提供できるようになった。

▶VRとホログラム

　また、現時点では実用段階には少し実績が足りないが、今後はVR

図2 走高跳選手の動き
スポーツ大会での現場などでも3D分析しCG化することも可能

（バーチャルリアリティー=仮想現実）やホログラムなどの技術にも指導者は着目しているはずであり、2020年の東京オリンピックに向けて、ますます革新的な技術開発が行われることが予想される。しかし、技術的な部分がいくら「進化」しても、AI（人工知能）やエキスパートシステム（専門家の意思決定をエミュレート）はまだ当分は実用段階ではない。基本的にスポーツ指導は人と人のコミュニケーションが大事であることは今も昔もそして近未来でも大きく変わらないと思われ、選手の気持ちを身近でわかってあげられるような人材の育成も同時に行っていくことは忘れてはいけない重要な要素であろう。

石井　政弘（いしい　まさひろ）…総合情報学部総合情報学科社会情報学系教授／専門分野：スポーツバイオメカニクス

口絵3　参照

図3　東京情報大学のスポーツ心理学授業より
（石井政弘「進化するスポーツ指導」より）

４．フィンテックで広げる 中小企業の資金繰り策

堂下　浩

▶はじめに

　今日、米国で急成長を遂げる新たな金融手段としてフィンテック（ファイナンスとテクノロジーの合成語）に脚光が浴び、我が国への導入に対する機運が盛り上がっている。具体的なフィンテックサービスとして、顔認証等の技術を使った決済、資金需要者と出資者を仲介するネットサービス、取引履歴を与信に応用するトランザクションレンディング（トランザクションレンディングについては後述する）等が挙げられる。フィンテックを我が国の成長戦略に活用するのなら、最もニーズが高い中小企業向け無担保・無保証融資の担い手としてフィンテック市場を整備することが喫緊の課題であろう。

　貸金業法が改正された2006年以降、上限金利が年利29.2％から年利15-20％にまで引き下げられたことで自営業者を中心に深刻な金融収縮が発生した。帝国データバンクの調査結果から法改正の影響で自営業者の倒産が増加したとの指摘[1]や中小企業経営者へのヒアリング調査から、政府の「セーフティネット貸付」等の支援策にもかかわらず、規模の小さい企業ほど法改正の影響で資金繰り難に陥っているとの報告[2]がある。我が国の開業率、廃業率は先進各国に比べ大きく見劣りするが、無担保・無保証融資という小口金融が機能していない点もその理由の一つである。

▶事業者金融の代替機能としてのフィンテック

　すでに貸金業法改正以前に収集した中小企業の財務データに基づく分析から、銀行が対応できない緊急性の高い資金需要に対しては、貸金業者の事業者金融機能が補完していたとの指摘[3]があった。貸金業

第１部　情報社会の課題に挑む　*165*

法の改正は、当初中小企業に短期資金を供与してきた事業者金融の機能を銀行に肩代わりさせることが期待された。しかしながら銀行は規制当局の厳しい監督下に置かれているだけでなく、預金を原資とする金融仲介業者であることからハイリスクを伴う事業者金融の代替サービス提供者としてふさわしくない。

そこで今日、貸金業法の改正により実質的に消滅した貸金業者による事業者金融をフィンテックで代替させる策が考えられている。個人を相手とする消費者金融と異なり、事業者金融では融資先が多岐にわたることから、企業規模や業種・業態などパターンの定型化が難しく、これまでは経験豊富な担当者が対面による審査を行い無担保・無保証によって融資してきた。借り手となる中小企業は貸し倒れ率が高いだけでなく、融資には迅速性を求められるため、審査担当者が一人前に育つまでに最低でも10年を必要とした。

こうした市場へのアクセスが困難となった中小零細企業に対してフィンテックは新たな資金繰り策として機能する事が可能である。さらに、さまざまなフィンテック企業が勃興した米国において、「すぐ借りて、すぐ返済する」という債務行動が普及したことで、貸金業関連のフィンテック企業への投資が、今日ではフィンテック関連全体の半分を占め、投資拡大を牽引する中核に位置付けられている。

▶トランザクションレンディングの可能性

利便性の高い決済サービスを提供することによりフィンテック界の成功例といわれる米国のペイパル社（1998年創業）は2013年にトランザクションレンディングに新規参入した。トランザクションレンディングとは、融資先の事業者の財務データをあまり重視しない代わりに、ビッグデータである取引履歴に基づくキャッシュフローを統計的に分析し、融資を行うサービスを指している。

ペイパル社は顧客である小売業者の取引履歴を分析した上で融資を実行する。融資対象はあくまでも事業に対する短期的な資金であり、無担保・無保証により簡易な審査の下で迅速に融資される。同社の

サービスは銀行からの融資を受けられず、十分な在庫を抱えることができない中小企業にとってメリットが大きい。この他、米国ではネット通販最大手のアマゾン・ドット・コム社も出品企業に対して同様のサービスを提供し実績を築いている。

　一方で日本では金利を規制する利息制限法がフィンテックの普及を妨げる要因となっている。利息制限法で上限金利は「元本10万円未満は年利20％、10万円以上100万円未満は年利18％、100万円以上は年利15％」と規定される。100万円を20日間貸し付けた場合の利息上限は8,000円程度であり、この水準は他の先進国には類を見ない極めて厳しい内容となっている。利息制限法は昭和29年の法制定以来見直しされておらず、実情に合致していないという批判も根強く存在する（当時の大卒初任給は12,000円）。

　こうした本来フィンテックサービスが難しい国内の規制下でもトランザクションレンディングの分野で幾つかの先行事例が存在する（表1）。以下、筆者がトランザクションレンディング企業に行ったインタビュー調査の結果を紹介する。

表1　日本におけるトランザクションレンディングの先行事例

サービス名	融資対象	融資額	利率（年利）	手続き期間	返済期間
アマゾンレンディング	アマゾン出品者	10万～5,000万円	8.9％～13.9％	初回は最短5営業日、次回以降は最短3営業日	3カ月/6カ月
楽天スーパービジネスローン・エクスプレス	楽天市場出品者	50万～500万円	8.5％～14.5％	最短翌営業日	1か月～36か月
JNB ストアローン（Yahoo!）	Yahoo!ショッピング出品者	50万～1,000万円	3.9％～8.2％	最短翌営業日	3か月～6か月
GMO イプシロントランザクションレンディング	GMO社の決済代行利用者	30万～5,000万円	3.5％～12.0％	最短5営業日	6か月
リクルートファイナンスパートナーズ	「じゃらんネット」参画宿泊施設	10万～1,500万円	3.0％～15％	最短当日	1、3、又は6か月

資料：各社の営業用ウェブサイト及びインタビュー調査より著者作成。

【先行事例A社】
　融資先企業のキャッシュフローに着目して、多少バランスシートに問題

があっても、直近の売り上げと、トランザクションデータから得られた過去の取引履歴を確認して、審査が通った出品企業に融資を行っている。かつて「街金」といわれた事業者金融のビジネスモデルと似ている。

特にニーズがある企業として、創業間もない企業や債務超過を起こしているものの商売の利益率が高い企業などが挙げられる。

また、当社の融資は高金利であるにもかかわらず、メインバンクが既に入り込んでいる企業からもニーズはある。優良な中小企業にとってメインバンクといえども融資実行までには時間を要するため、当社のトランザクションレンディングの方が重宝すると推測される。

トランザクションレンディングの貸し倒れ率は5％以下。借入残高は平均360万円。手軽さが好評でリピート率が高い。一方で数千万円を借りて、貸し倒れる事態もある。現在、資金繰り悪化を予兆する現象を、信用情報機関のデータを補いながら把握しようと努めている。

審査においては、会社の決算書を重視しない反面、融資を希望する企業側から提供された直近の売り上げ動向を精査し、同時に社長個人の信用情報を照会する。ここで、社長が個人名義のカードで相当金額の借入残高があることが判明して、融資を拒絶するケースが多数ある。

金利規制が緩和されれば、商品選択に幅を持たせることが可能だ。現在は最短でも数日後の振り込みとなるが、金利設定に柔軟性が確保されれば、簡易な審査を経て即日数分後に振り込むこともできる。併せて即日返済も可能とすれば、潜在化している資金需要を呼び起こし、中小企業のビジネスチャンスを拡大させることに役立つだろう。

【先行事例B社】

企業規模としては中堅企業よりも小さい中小企業からのニーズが高い。顧客からは融資実行までの時間が短く、消費者金融よりも融資金額が大きいといった点が評価されている。

営業はイーコマースのモールに出店している全ての企業を対象としているが、申し込みで特定の業種に偏りはない。創業して間もない企業からの申し込みが多い。銀行と取引がない中小企業からの申し込みは多いが、それでも資金使途は事業のための短期的な資金が中心である。

融資金額が最も多いのは300〜400万円程度である。消費者金融と異なり金額も大きいので、トランザクションレンディングはそれなりにリスクが存在し、ハードルは高い。

　それでもトランザクションレンディングへのニーズはあり、このサービスを普及させる上で金利規制の緩和は有効であろう。ただし、フィンテックでの融資は対面で調査が行われないことから、どうしても甘い審査となってしまう。大量データを高度な情報技術で分析したとしても限界がある。

　今後、普及には与信に際して経営者個人の信用情報を照会・登録することを義務付ける必要があるだろう。

　上記事例から、①つなぎ資金への資金需要は旺盛であること、②融資実行までの迅速性が評価されること、③創業間もない企業の資金ニーズは高いこと、④資金需要は300〜400万円程度と企業向け金融としては小口であること、⑤審査力を向上させる上でトランザクションデータと経営者の信用情報を併用することが有効であることなどが分かる。さらに中小企業金融の一翼としてトランザクションレンディングを国内に根づかせるために、金利規制の緩和が期待されている。先述した通り、トランザクションレンディングをはじめとする100万円以上の融資には上限金利として年利15%が適用され、少なくともフィンテックには適合できないだけでなく、最もニーズの高い事業者への短期的な融資にはなじまないためである。

▶英国・サンドボックス制度の活用を

　フィンテックの制度設計を検討する上で先行している英国の事例は参考となる。英国は金融セクターが経済に占める比率が高いため政府はフィンテック分野での規制を改革している。英国政府は新規参入を図る企業へ積極的に助言するとともに、利用者の安全性を確保した上で一定の範囲内で実験的な取り組みを許容する「サンドボックス（お砂場）」制度を導入している。サンドボックスを利用する企業の選定条件は、①純粋なイノベーションである、②消費者利益にかなう、③実験的施行が

第1部　情報社会の課題に挑む　169

必要である、④バックグラウンド・リサーチを行う、という4点である。最終的には基準を満たした企業と規制当局であるFCA（金融行為規制機構）が協力しながら、フィンテックサービスに沿った新たな規制を構築する。日本でもサンドボックスの事例のように、その検証の場を一定の要件を満たしたフィンテック企業に提供し、規制当局が金利規制のあり方を含め新たな法整備のために、そのサービスを常時モニタリングできる体制下で試行的に進める方策は有効であろう。

▶参考文献

1）森貴和「CREDIT AGE」『個人事業者の倒産が急増』日本消費者金融協会、2007年5月
2）東京財団政策研究部「中小企業向け無担保資金繰り環境の整備」東京財団、2008年9月
3）鶴田大輔「ノンバンク融資と中小企業のモラルハザード問題」RIETI Discussion Paper Series（05-J-035）、2005年11月

堂下　浩（どうもと　ひろし）…総合情報学部総合情報学科社会情報学系教授／専門分野：ベンチャー企業の成長戦略

5. 博物館資料とゴミを分けるものって何だろう

蒲生　康重

▶博物館とはどんなところ?

このような質問をされたら、あなたはどう答えるだろうか。学生に尋ねると以下のような答えが返ってくることが多い。

・古い物がたくさんある場所

・なんか物を見せている場所

・興味あることを勉強する場所

・子供のころ、学校の遠足等で遊びに行った場所

日本には「博物館法」という法律があり、博物館とは何かを定めている。

「博物館とは、歴史、芸術、民族、産業、自然科学に関する資料を収集し、展示して教育的配慮の下に一般公衆の利用に供し、その教養、調査研究、レクリエーション等に資するために必要な事業を行い、あわせてこれらの資料に関する調査研究をすることを目的とする機関」（博物館法（1951年12月1日）第2条第1項より抜粋）

なので、学生たちの答えは、当たらずも遠からず、博物館のある一面性からのみの回答といえるだろう。

博物館は「資料」と呼ばれる、さまざまな「物」を集めて、研究・調査を行い、その成果等を展示などの教育活動を通じて普及させる機関である。そして、そのような成果を物とともに後世に残していくことも責務としている。

博物館は扱う「物」によって、名称が変わる。例えば美術・工芸品の博物館が「美術館」であり、郷土にあるさまざまな品々を扱っていれば「郷土資料館」、生きた動物や植物であれば「動物園」や「植物園」となる。これは、「物」が博物館の根幹であることを示している。

「博物館」とは、「物」の中心とした、「収集機関」であり、「調査・研

究機関」であり、「教育機関」である。さらにそれらを「保存・保管する倉庫」でもある（図1）。

▶博物館に収集される「物」とは？

一昔前に「博物館行き」という言葉が使われていた。「博物館に収蔵されるほど古い物」から転じて「無用の長物」・「ガラクタ・ゴミ」といった意味あいでよく使われていた言葉である。確かに博物館が収集した「物」は、現在社会での役割を終えた物品が多い。しかしながら、博物館に収められた物＝博物館資料は、決してゴミ・ガラクタではない。博物館資料とゴミとの間には、明確に分ける要因が存在する。

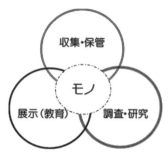

図1　博物館の役割概念図
博物館は「モノ」を中心として図にある役割を担う。

例えば、あなたの家に古いゲーム機などが、ほこりを被って放置されていないだろうか。その「ゲーム機」は、現行機器より性能が悪く、使えなくなっている上、「小型家電リサイクル法」の対象品目で廃棄するのも手間がかかる、正に「ガラクタ・ゴミ」＝「博物館行きの品」である。しかし、それを博物館に引き取ってくれと頼んでも、たぶん断られるだろう。なぜなら、その「ゲーム機」に博物館が必要とするものがないからである。

博物館はただ「物」を集めているのではない。博物館が必要としている「物」には、必ず付属しているものがある。それは「情報」である。

もし、先程の「ゲーム機」が現行機器と古い機器との橋渡し的な機器であるならば、博物館は引き取ってくれるかもしれない。それは、その機器が「ゲーム機の歴史的推移」を研究・調査または説明する上で重要な「情報」となるからである。

または、そのゲーム機に「いつ・どこで・だれが」購入したかが、はっきり判別できる書類等が付いており、さらにその場所・時期が、かなり希少だった場合は、引き取るかもしれない。それは、その「ゲーム機の普及と時期」を考える上で貴重な証拠になるからである。

反対にどんな希少な「物」であっても「情報」がなければ、博物館にとっては「ゴミ」と同様である。

　一例として、写真1をみてほしい。2匹のチョウの標本が写っている。左は「トリバネアゲハ」という国際間取引に制約があるチョウ、右は「シジミチョウ」という、種類的にはどこにでもいるチョウの仲間の標本である。

写真1　二つのチョウの標本
博物館にとって貴重な資料は?
左：トリバネアゲハ　右：シジミチョウ

▶「資料」と「ゴミ」の分かれ目

　さて、博物館にとって貴重な「資料」はどっちだろうか？

　答えは、その標本自体でなく、標本の下の方にある。「シジミチョウ」の標本は、たくさんの小さな紙切れと共に針で留められているが見て取れるだろう（写真2）。この紙切れは「ラベル」と呼ばれるものである。ラベルにはこのチョウが「いつ・どこで・だれが」採集したか、誰が（どこが）所有していたか、さらにはどのような文献に使われたか等の情報が細かく書き込まれている。

写真2　シジミチョウのラベル
ラベルにはさまざまな情報が記入されている。ラベルの有無は、資料の価値を決める重要なもの

　「いつ・どこで・だれが」の情報は、仮に現在その場所に、そのチョウがいなくなっていたとしても、書かれた日時には、確かにそのチョウが存在し、採集した人間がいた証拠になる。このことは、チョウの生息地

の移動等の調査・研究する上で、貴重な情報となる。そしてラベルによってその標本は「そのチョウが存在した証明」として、後世に残すべき資料になる。さらに文献等で使われた情報があれば、その文献からチョウを調べたい人が、実物を確認できる情報となる。

　一方、「トリバネアゲハ」の標本は、ラベルがない。

　博物館にとって貴重な「資料」はどちらか。当然「シジミチョウ」の標本である。「トリバネアゲハ」は、資料としてはほとんど情報を持っていない「美しいチョウの死体」でしかない。

　博物館が収集する「物」は、必ずその博物館にとって重要な「情報」を持っている。「物」と「情報」の二つを兼ね備え博物館に収められている「モノ」、これが「博物館資料」とよばれる。

　博物館は、「博物館資料」を収集し、調査・研究することによってさらなる「情報」を引き出し、その資料の重要性を高めている。博物館を訪れる人たちは、その「情報」と「物」を同時に見ることによって、その資料の面白さや希少性を知ることができる。

　博物館に訪れる機会があったら、物をながめるだけでなく、その物が持つ「情報」は何なのか探っていただきたい。博物館も、来館者にその情報を伝えるためにさまざまな工夫をして待っているはずである。

蒲生　康重（がもう　やすしげ）…総合情報学部総合情報学科情報システム学系助教／専門分野：生物地理学，植物生態学，博物館学

6. これからの映画の可能性

藤田　修平

　日本映画製作者連盟の調査によれば、2016年の映画館への入場者数は約1億8千万人。この数字は1970年代とほぼ同じだが、その間に映画館の多くがシネマコンプレックス（シネコン）になり、それに伴ってスクリーン数は1.5倍に増えた。シネコンとは空間の効率性を高めるために、客席数の異なる複数のスクリーンを持ち、観客の動向に応じてシアターを入れ替える映画館である。かつて映画館には格付け（一番館、二番館、三番館等）があり、1980代にはそれぞれが異なる個性を持つミニシアターが人気を集めた。座席数の違いしかない全国共通の均一化した空間を提供するシネコンの普及とは、映画鑑賞から映画館での経験を取り去ることを意味する。また、そのシネコンでも中高年の姿が目立つことも多く、若い世代が映画館に通わなくなったことも70年代と比較した時に気づく変化である。

　その一方でゼロ年代からドキュメンタリー映画が人気を集め、「映画祭」などと称される（映画館とは異なる場で行われる）上映イベントでは若い観客を集めている。監督やゲストのトークショーがあり、観客との対話も行われ、それがブログやSNSで報告され、ネット上で議論が交わされることもある。東日本大震災後に各地で行われた、原発を扱ったドキュメンタリー映画の上映会ではデモに参加するかのように、若者が会場に集まるといった光景が見られた。

　また、映像は受容（消費）されるにとどまらず、日常的に撮影され、SNSを介して家族や友人と共有されるものとなった。かつて一部の芸術大学や専門学校に限られていた映画制作の実習も、現在では一般大学でも行われ、誰でも映画をつくる環境が与えられた。こうした時代に〈映画〉

というメディアの可能性はどこに見いだされるのだろうか。

▶経済のグローバル化と〈映画〉

　映像の鑑賞環境が（映画館とテレビに限られていた時代と比べて）はるかに多様化した現在、「映画」に残された固有の特徴を挙げるとすれば、それは人が集まる「場」をつくることになるだろう。映画史を振り返れば、当初は男女の席が分けられ、米国の南部に至っては20世紀半ばまで黒人専用の映画館が設けられたという、おぞましき歴史があったものの、世界各地の映画館なる「場」には多くの場合、チケットさえ買えば予約もせずに誰でも入場できた。その結果、性別も年齢も職業も収入も異なる人たちが同じ「場」に集い、大きなスクリーンに投影された映像を一緒に見ながら笑い、涙を流したのだった。映画館とは場所柄や客層が意識される場でありつつ、暗闇と匿名性によって多様な観客の間で経験が共有され、民主主義と親和性を持つ場となった。

　そこで上映された映画の多くはフィクション（架空の物語）であり、それは例えば、田舎の貧しい家で育った男性と都会の裕福な女性との恋愛といった〈差異〉から生まれた。そして、さまざまな差異から立ち上がる物語を通して、観客の感情が動員され、（『カイエ・デュ・シネマ』の編集長を務めた）ミシェル・フロドンが論じたように（それ自体がフィクションである）「国民」の創造に大きな役割を果たしてきた。

　こうして民主主義と「国民」と結びついた映画は経済のグローバル化によって弱体化した。90年代には「映画の死」という言葉が映画ジャーナリズムをにぎわせ、コングロマリット化した映画会社はグローバル市場に向けて新たな戦略を打ち出した。そのキーワードは文字通り、〈地球〉だった。ソビエト連邦が崩壊した翌年の1992年に地球サミットがリオ・デジャネイロで開催されたが、その頃から〈世界〉は〈地球〉として表象され始める。（それまでアポロ11号であれ、宇宙飛行士ガガーリンであれ、植村直己や堀江謙一であれ、宇宙や自然の映像は国民の物語に回収される傾向にあった）。その変化を象徴する映画こそ同年に公開された、ロン・フリックによる70ミリフィルムの大スペクタクル映画『バラカ』（*Baraka,*

1992）である。地球と人類に関する壮大なドキュメンタリー映画で、地球上のさまざまな場所と人たちの映像がミニマルな音楽に合わせて早いテンポでつなぎ合わされていく。南米のジャングルから最新鋭のオートメーション工場、通勤客であふれた新宿駅やカルカッタにあるゴミの山（投棄場）、プノンペンのキリングフィールドにアウシュビッツの絶滅収容所。さらにはアマゾンの原住民、日本のヤクザ、ゴミ投棄場で生きる子どもたち、売春婦、都市のホームレス等々。これらが一切の批評性なく〈等価に〉モンタージュされる。そのなかにはドイツ人によって観光向けに考案されたという、インドネシアの舞踏ケチャまで登場するのだが、表層的な差異だけに関心を向ける論理性なきスペクタクルな映像、〈他者〉不在の映像は皮肉なことに〈地球〉の視点によってもたらされた[注]。21世紀に入るとこうした映像は地球の自然を対象としたドキュメンタリー映画となり、映画会社に大きな利益をもたらし、さらにディスカバリーやナショナルジオグラフィックといったケーブルテレビネットワークは世界に市場を拡大した。その過程でデジタル化によって、映像はフィルム（巻）やビデオという物質の制約からも解放され、映像コンテンツ＝データとして異なる媒体ごとに姿を変え、世界中の個人＝消費者に届けられることになった。

▶「場」の可能性とアートへの接近

　こうした状況において映画の可能性はそれでもやはり人を集める「場」にあるだろう。デジタル化はプロとアマチュアの壁を崩し、個人制作による作品を数多く生み出したが、そうした作品も観客を必要とし、上映会は多様な人々を集め、出会いと情報を交換する「場」をつくりだす。それは地域と結びついた小さな場がふさわしい。（これが大分県由布市のゆふいん文化・記録映画祭の試みであった）。そこでは作り手＝当事者が映像を通して自らの物語を観客に語りかける作品が支持される、自らの問題、文化や歴史を自らの手で表象するようなドキュメンタリー表現はより重要になっていく。（そして、それはデジタル化によって可能となった。）また映画館とは違って、この「場」には匿名性はなく、お互いに名を名乗り、顔を見合わせ議論し、人間関係が築かれる。つまり暗闇では

第1部　情報社会の課題に挑む　*177*

なく、光の照らされた空間となる。その空間を映画史に探せば「非劇場映画」という、見過ごされてきた種類の映画があり、それを映画の可能性とすれば、今までとは異なる映画史を見いだすことだろう。

　では、映像表現はどうだろうか。どのような表現が期待できるのだろうか。それを考える上でまず、同じ一眼レフカメラで静止画と動画を撮ることができるようになったことに注目できるだろう。同じ機器に収まった二つの領域のうち、デジタル写真をまず取り上げれば、フィルムのネガが廃れた時、ロラン・バルトのいう「それはかつてあった」という写真の存在論が崩れ、「かつてあったかもしれない／あったはずだ」という表現（現実を構成する写真）に移行するかもしれないが、それはともあれデジタル写真は従来の写真史から切り離された。デジタル映像といえば、映画（映像）は時の経過を示すメディアであり、映画はモンタージュによってそうした表現をすでに実現していた。（例えば『ラ・ジュテ』で知られるクリス・マルケルのドキュメンタリー映画。世界の革命闘争の無残な敗北を歴史から救い出すために「あったかもしれない／ありえたはずの」という可能性のモンタージュを用いた）。ただ、映画も（写真ほどではないにしても）従来の映画史から遠ざかるだろう。というのも、つるつるの表面のガラスに発光する、高解像度でシャープなデジタル映像と白黒の粒子がスクリーンの上できらめくリュミエールの映画との間につながりを感じることはもはや難しいからだ。そして、デジタル写真の後を追うように、映画も絵画を含めた（現代）アートの領域に取り込まれ、そこからジャンルを超えた新しい〈映画〉が生まれてくるのではないだろうか。

注）『バラカ』とそれに続く自然／環境ドキュメンタリーにおける〈他者〉の
　　不在については「ポスト・シネマと自然／環境ドキュメンタリー」
　　（『neoneo10号』）にて論じた。

▶参照
フロドン、ミシェル『映画と国民国家』（岩波書店、2002年）

藤田　修平(ふじた　しゅうへい)…総合情報学部総合情報学科社会情報学系准教授／専門分野：映画学，映像制作論

第6章　情報×社会

7. 社会情報と風刺画
～1枚の風刺画から見えるものは?～

茨木　正治

▶社会情報とは何か～意味の世界、メディアの役割～

　社会情報とは何だろうか。簡単に言えば、社会情報とは自分（身体も含めて）と自分の外にある人・モノ・コト（これをここでは「世の中」とよぶことにする）とを区別してそれらをつなぐ働きをするものである。世の中を知るためのものと言ってもいい。だから、社会＝「世の中」という言葉がついている。「世の中」を知ることで、自分とそれらは違うことを知り、さらに自分を知ることにもなる。自分と周りが「同じ」だとすると、なんでも自分の好きなことができる気がするが、実際はそうでないのはよく分かるだろう。

　では、「世の中」と自分をつなぐにはどうするか。普通、メディアというものを使う。よく使うのは「ことば」だ。「ことば」を使って「世の中」のことを知り、自分のことを相手や世の中に分かってもらうことができる。

　ところが、この「ことば」というものが実は意外に厄介だ。「世の中」の人が使う「ことば」と自分が使っているそれとがぴったり同じものということはあまりない。あるマンガで次のようなシーンがあった（著作権の関係で画像が示せない。それ自体この漫画家の特徴でもある）。敬老の日であいさつに来た中年政治家が「お年寄りほど大切なものはありません」とのたまう。それを聞いていた老婆がこうつぶやく。「あの人のおっかさんは、泣きながら死んだもんだ」。

　「お年寄り」という「ことば」が、中年政治家と老婆では使い方が違う。老婆は「おっかさん」と言っているが、中年政治家の「おっかさん」を意味しており、敬老の日の対象となる「お年寄り」を指しているといってよいだろう。敬老でなく、老人を軽んじている「軽老」の意味なら「お年寄り」という「ことば」は中年政治家も老婆も同じ使い方をしていると見ることもできるだろう。しかし、中年政治家は、別の意味では「お年寄り」を重視し

180　第1部　情報社会の課題に挑む

ているともいえる。なぜなら、彼には選挙の時の「票」として会場の「お年寄り」が見えているからだ。本来、数々の困難や障害を経て生きながらえてきたことを敬うべき「お年寄り」の日＝「敬老の日」であり、それを祝するあいさつの場であるはず。そこに、へつらいの裏にある自分の利益のいやらしさを老婆は読み取ってつぶやいたのである。

　「ことば」には、その内容をつかむ（これを、「意味づける」という）とき、相手とその内容を共にすることができると同時に、一人ひとりが受け取る内容が微妙に異なることもあり、その結果一人ひとりを分け隔てるようにすることもできる働きがある。このように、「ことば」を「意味づけて」「世の中」と自分とを関係づける、そのこと自体およびそれによって受け取る内容を「社会情報」とよぶ。人は、「世の中」について、「ことば」の人と分かち合う作用を使って、仲間を作り、組織や集団、社会をつくり、一人ではできないことを次々となしえてきた。言い換えれば、「世の中」を自分に合うように自分の手で作り変えてきた。一方、「世の中」からの「情報」について、「ことば」によって一人ひとり違った意味付けをすることで、一人ひとりがほかのもの・人とは代えられない（「余人をもって代え難し」という）、「分けることのできない」もの（in-dividere→individual＝個人）としてこの世界に存在することができるようになったのである。

　「ことば」のこの二つの力は、お互いに影響を及ぼしあっている。ともに分かち合う作用であっても、個々の分かち合う作用が働いて（組み合わさって／ぶつかり合って）新しいものの見方や考え方が生まれて、いままで組織や集団が経験したことのないことに出会った時にでもうまく扱うことができるのである。

▶風刺漫画の世界
　この文章で「ことば」とカッコ付きで記してきたのにはわけがある。「ことば」とは、私たちが普段使っている「言葉」だけではなく、絵画や写真、映像といったビジュアルなもの、あるいは演劇や日々人々が行っている事柄で目・耳・肌などで私たちに入ってくるものすべてをさしている。この「ことば」を介した社会情報は、時空を超える。例を挙げてみよう。

第1部　情報社会の課題に挑む　181

「服(なり)は明治で頭は天保だ」
(北沢楽天　1899・4・10『時事新報』)

　この絵は、明治時代の漫画家北沢楽天(1876-1955)が描き、福澤諭吉が創刊した『時事新報』(1882-1936)に掲載された。1899年3月に公布された文官任用令の改正で、政党員の自由任用に制限を加えた山県有朋(1838-1922)内閣の政策を批判している。表向きは現代(明治)だが、アタマの中身は山県の生まれた丁髷(ちょんまげ)の江戸時代(天保1831-1845)まで逆行しているという意味である。1893年、現在の国家公務員の一部にあたる「文官」は、試験で任用される制度ができた。天皇が任命する勅任官(次官、局長級)は自由任用が残った。ここに政党が党員を任用する機会が増えた。この文官任用制度の改革には、山県内閣前には、政党員の猟官(政権が交代するごとに政権の「お友達」が任用され文官が総入れ替えになる)が進み、公職の政治からの独立性が保てなくなるという政府の懸念があった。それを理由に第2次山県有朋内閣は、勅任官も原則として資格のあるものに制限した。それは、政党ができる前の政府主導の公職の任用と同じことになり、結局、政府の「お友達」を増やすことに道を開くことになった。そのことを指して時の山県首相を笑ったのがこの風刺画である。

　明治の政治史に即してこの風刺画を解説すれば上記のようになる。こうした説明を風刺画の(図像の)図像記述学的(iconographical)解釈という。「この絵は何について描かれているか」という問いの答えといってもよい。これはがこの風刺画の「正解」なのかもしれない。でも、それには政治史の知識が必要である。知らないとわからない。

　これに対して、政治の細かな知識(文官任用)のことは知らなくても、時の総理大臣が今風の格好をしていた(政策を実行した)が、アタマが古い(丁髷)ことがばれて、政策の中身も古いものだった、ということはわか

る。もちろんこの絵が明治時代以降を表わしていることを知っている必要があるが。文官任用の知識の共有は100年たてば消える。しかし、政府や総理大臣や政党に関する知識の共有は、100年では消えない。いわんや、見かけと中身の食い違いや、ウソつきへの見方というのはもっと長い期間生き残る「知識」である。見かけは、「何について描かれているか」という問いへの極めて初歩的な答えかもしれない。しかし、パッと見てわかる、描かれているモノやヒトの意味(これを「総合的直観による象徴的価値の世界観の解明」(iconology)とよぶ人がいる)が実は、21世紀現代と19世紀とをつなぐ鍵となるのである。文官任用問題を超えたところに北沢楽天は何を見たか。これが重要なのである。

　文官任用問題、山県有朋、北沢楽天…、政治の知識、歴史の知識は必要だ。あるに越したことはない。けれども、それらがまたこの風刺画の読みを縛ってしまう。見かけは「新しい」が、実際には古臭い(旧態依然とした)もの、こと、ひとが現代にもいないか。新しい技術が登場するごとに、「不便」になっていく違和感を覚えることはないか。見かけが大事とそれがあたかも人間の自然な態度なのだとする姿勢はないか。あるいは、「はだかの王様」の童話を思い出してもよい。見かけの新しさに惑わされているのは、なまじ知識があるからではないのか、知識はあっても使い方がまずいのではないか、等々。描いてあることを超えてさまざまな想像をめぐらすことが風刺画の醍醐味の一つなのである。そうすることによって、過去の風刺画と現代・いまとの接点ができる。社会情報としての働きが生まれる。

　風刺画の働きは、それだけではない。
風刺画には、笑う人と笑われる人が登場する。笑われる人は政治家、大企業の幹部、金持ち、といった人を動かすことのできそうなモノ(権力資源という)を持っている「強者」であることが多い。その「強者」をこき下ろすことで、虐げられていた人たちが鬱憤を晴らす。「弱きを助け、強きを挫く」、「正義の味方」が政治風刺だといわれる所以である。実は、風刺画の働きはそれだけではなく、もっと大切な働きがある。笑っている人たちにその笑いが返ってくる働きがあるのだ。先の「服は明治で頭は天

第1部　情報社会の課題に挑む　183

保だ」の風刺画を例に取れば、「服は平成で頭は天保」に気づかず踊らされているのは誰なのか。「頭が天保」なのは、笑っている、あるいはこの風刺画を解説している私たちではないのか。政治が悪い、社会が悪い、ネットも含めたメディアが悪い、といってもそれを作ったのは私たち人間なのだ。相手を笑ったつもりになって実は自分たちも笑われていることに気づかせてくれる、そしてそれから先は「自分で考えなさい」と突き放す、そういう残酷さが風刺画にはある。

茨木　正治（いばらぎ　まさはる）…総合情報学部総合情報学科社会情報学系教授／専門分野：マス・コミュニケーション論

8. Webを用いた
カウンセリングの効果

山口　豊

▶ **大学生メンタルヘルス課題と支援について**

　筆者は大学において、「臨床心理学概論」「カウンセリング」など臨床心理学に関する授業を担当しているが、この授業を受講する学生は心理系を専攻するコースの希望学生数よりも多い。多くの学生が臨床心理学に関心を持っているためと思われる。また、学生の提出する授業後の感想シートには「気持ちが楽になった」などの記述も多く、メンタルヘルスに課題を有している学生が一定数いることもわかる。海外では、大学生の約6割が孤独を感じるという報告もされている[1]。国内でも、大学入学の時点においてすでに「吐気・胸やけ・胸痛がある」、「頭痛がする」、「考えがまとまらない」、「めまいや立ちくらみがする」など報告[2]や大学生の約41％が大学内のカウンセリングを利用している[3]との調査もある。カウンセリングは、心理上の問題が生じた後に対処することが多く、予防支援としては限界がある。

　メンタルヘルスの予防支援として、Webは敷居が低く、誰でも用いやすいため、Webを用いたカウンセリングシステムが有効であると考えられる。すでに、ヘルスカウンセリング学会HP上には、誰でも好きな時に専門的Webカウンセリングを利用できる環境が用意されている。

　ここでは、Webカウンセリング実験の有効性を紹介しよう。

▶ **Webカウンセリング実験の方法**

　20XX年12月〜20XX＋1年1月に大学生19人に対して、Webを用いたカウンセリングのグループとワークシートを用いたグループに分けて実験を行った。実験の方法については、表1を参照してほしい。表の左側の「介入群」と記載されているのがWebを用いたカウンセリングのグ

ループ、右側の「統制群」と記載されているのがワークシートを用いたカウンセリングである。まず、Webカウンセリングの目的は、自分へのイメージを変えること、ワークシートを用いた実験の目的は、自らの考え方に焦点を当てることとなっている。

　Webを用いたカウンセリングのアナウンス等については、あわせて表2も参照してほしい。

表1　実験計画

介入研究　プロトコール		
	介入群　n=9	統制群　n=10
介入前　12月上旬	研究目的、内容の説明と倫理的配慮<30分>	
	介入後　心理指標測定　＜5分＞	介入後　心理指標測定　＜5分＞
第1回介入　12月21日～1月5日	SAT未来自己イメージ法<10分>SAT宇宙自己イメージ法<15分>アサーション法<5分>	心理教育　認知行動療法の理解「考え気持ち行動がどのように関係しているか」を読む
第2回介入　12月21日～1月5日	SAT未来自己イメージ法<10分>SAT宇宙自己イメージ法<15分>アサーション法<5分>	心理教育　認知行動療法のワーク「思考、感情、行動をまとめる」
第3回介入　12月21日～1月5日	SAT未来自己イメージ法<10分>SAT宇宙自己イメージ法<15分>アサーション法<5分>	心理教育　認知行動療法のワーク「仮定状態を想定し、その時に認知を把握する」
	介入後　心理指標測定　＜5分＞	介入後　心理指標測定　＜5分＞

表2　Web自己カウンセリングのアナウンスについて

WebSAT自己カウンセリングシステム内容とアナウンス（一部）
内容
過去の自己情報に頼らず、「本来の自己」イメージを構築するために、100代前から子が養育者に無条件に愛され守護されてきたと仮定、さらに無制限にスポンサーがいると仮定して、あるがままの自分に気付けるイメージワークである。
アナウンス（一部）
100代前から子が親に愛され、あなたの両親も祖父母に十分愛され自分の満足した生き方ができたと仮定してください。また、あなたには、100億円を提供してくれるスポンサーがいて、面倒を見てもらったり支援してもらったりすると仮定してください。…。あと何年くらい続ければ、十分満足した気持ちになれますか？…。自分に自信がつくように、何かにチャレンジするとか、学習など開始してください。…。すべて、終わるとどのような自分になりますか？フッと浮かぶ自己像を言ってください。
内容
人間不信の人に対しても、効果的なように、人間を生物イメージとしてみるのではなく、原子から成り立った複雑系原子配列調和物質という原子自己イメージ、素粒子自己イメージとして、時間遡求遡及法をとり、ビッグバン期の粒子から素粒子、原子核、原子、物質、進化生物、人間までを再構築し、本来の自己イメージを見出すイメージワークである。
アナウンス（一部）
では、宇宙ができた137億年前まで時間をさかのぼり、ワープする旅をしましょう。そして、あなたが本来の自分に戻れるように、ビッグバンから始めて、あなたを構成する原子が作られた時代まで進め、理想の宇宙を作りなおしましょう。…。1億年前、10億年前、50億年前、100億年前、さらには137億年前に戻ってください。そこは、素粒子の海だけで、何も見えない宇宙です。これから、ビッグバンが開始します。ビッグバンが開始されると、黄金の光が四方八方に放たれ、・・・。ここでひらめいた自己イメージ、それが本来のありのままのあなたです。

▶Webカウンセリング実験の結果

① 心理的な変化について

　Webカウンセリングを行ったグループにおいて、「自己価値感尺度(自分への肯定的な感じ)」「自分自信度(自分への自信)」「特性不安尺度(不安を持つ傾向)」「問題解決型行動特性(問題が生じたときの乗り越える力)」「授業出席意欲度(授業に出席しようとする気持ち)」は、実験前と比べ改善した。さらに、「情緒的支援認知(助けてくれる仲間の力を感じる度合い)」「卒業意欲度(卒業しようとする意欲)」なども改善している。

　一方、ワークシートを用いたグループは「特性不安尺度(不安を持つ傾向)」を除いて、改善はしなかった(表3参照)。

表3　2つのグループの心理的な変化
(上:Webカウンセリング・下:ワークシート学習グループ)
記号「＊」「†」が改善、「n.s.」が改善しない項目を示している。

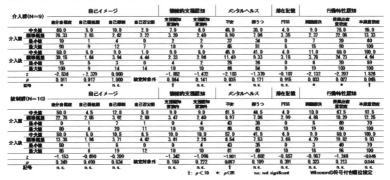

② Webカウンセリング後の自己イメージへの感想

表4　実験後自己イメージ(改善した自分のイメージを言葉で表したもの)

被験者	性別	自分の表情	
		宇宙自己イメージ	未来自己イメージ
1	男	にこやかな笑顔	優しそうな感じ
2	女	やさしく明るい笑顔	明るく楽しそうに笑ってる
3	男	まぶしい笑顔	穏やかな笑顔
4	女	おだやか	やさしげ
5	男	おだやかな笑顔	にこにこしている　やさしい
6	男	楽しそうだった	真面
7	女	あほ面	やさしい
8	男	きれいな笑顔	品があり優しそうである
9	女	心から楽しそう　きらきらしてる	すっごくキラキラしてる。楽しそう

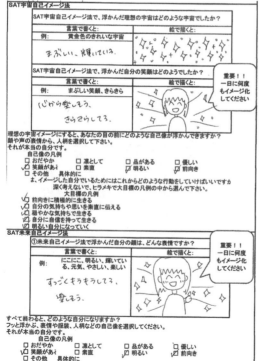

図1　ワークシート完成例
　　　（自己イメージの部分）

　ワークシートは、Webカウンセリングの効果を高めるために、筆者が作成したもので、Webカウンセリング終了後に、対象者が記入するシートである。

▶Webカウンセリングによる効果

　Webカウンセリングは、自らの考え方を変えようとする行為とは異なり、Webからの言葉に身を任せてすすめていく。これだけでも受動的な行為なのだが、更に目を閉じた状態でイメージ化をすすめるため、体が緩みリラックスすることにもつながる。このことは、メンタルヘルスへの良い効果を生み出す要因となる。そして、浅いトランス状態（軽いめい想状態）となれば、Webからの言葉は一種の暗示ともなり、改善した自己のイメージが心に深く響いて、効果が早く出たと推測できる。そのため、わずか3回のWebカウンセリングでも効果があったのだろう。一方、ワークシートを用いたグループは、言葉を理解して自分を変えていく方法をとるため、通常の言語カウンセリングと同じで、私たちが日常活動しているときの脳波であるβ波が発生していると考えられる。当然、身を任せるスタイルではないことから、リラクゼーションと暗示の効果が得られにくい。

　Webカウンセリングは、①効率が良く、セラピー回数が少なくて済む、②Webを用いる方法であることから、ネットに接続できる環境であればどこでも行える、③目標は自分の自信をイメージ上で高めることから、プライベートな悩みを言う必要がなく、心理的負荷が低くなり、気軽に参加しやすいというメリットがある。このことから、メンタルヘルスに課題を持つ学生や授業に積極的でない学生、さらにカウンセリングルームに通うほどではないがメンタルヘルスのセルフコントロールを求める学生、メンタルヘルスをより良好にしたい学生には、有用なツールといえるだろう。

▶引用文献

本文は、以下の著者論文を修正したものである。初出：山口豊、窪田辰政：Webカウンセリングシステムによる心理支援に関する研究—SAT自己カウンセリングシステムによる介入—，メンタルヘルスの社会学, Vol.23, 2017, pp3-11.

1) American College Health Association-National College Health Assessment：Reference Group Executive Summary, 2011

2）坂口守男：学生の精神的・身体的自覚症状の動向―最近5年間のUPIでみた推移―大阪教育大学紀要, 第Ⅲ部門, 自然科学・応用科学, 58(1), 45-55, 2009
3）独立行政法人日本学生支援機構：平成26年度学生生活調査結果, 44, 2016

山口　　豊（やまぐち　ゆたか）…総合情報学部総合情報学科社会情報学系准教授／専門分野：臨床心理学

9．情報社会の可能性と限界

圓岡　偉男

▶飛躍的に増える情報量

　情報社会とは、現代社会を象徴する言葉であろう。しかし、従来の社会が、情報社会にすべて置き換わったわけではない。われわれの生活は、人々との関わりのなかに成立している。この人々の関わりこそが社会を形成する源になっている。

　情報社会はわれわれに何をもたらしたのか？　情報社会と呼ばれる背景には、情報通信技術の進歩がある。テレビ、ラジオ等の普及によって、大量の情報が、多くの人々に運ばれるようになって久しい。自宅にいながら、遠隔地のニュースを知ることができるようになった。そして、携帯電話とインターネットの普及は、さらに多くの情報をわれわれに届けることになり、なおかつ、これまでは、情報を受信することが中心であった人々が、逆に情報の発信者になった。そして、この情報空間を通して、人々が結びつく可能性を手に入れたのである。そこには、面識のない人々が容易に結びつくことさえ可能にしたのである。

　非対面的なコミュニケーションは、電信の発明によってもたらされ、有線電話の普及によって、広く人々の間にその出現をみた。しかし、そこには、間違い電話のような例外はあるにせよ、常にその相手は特定されていた。しかし、インターネットの普及は特定されない、匿名的な他者との関係をもたらした。その典型がSNSであろう。SNSは、スマートフォンの出現によってその勢力を爆発的に拡大させた。人と人の結びつきに大きな変化をもたらしたのである。個人で収集できる情報量と個人で発信できる情報量の飛躍的拡大が、現代の情報社会の最大の特徴であろう。

　現代の情報社会は、さまざまな場所から情報を収集することを可能にした。そこには、文字だけではなく、画像や音声による情報の提供がな

されている。機器を所有しその操作が可能であれば、必要な情報を瞬時に入手できる環境がここにある。テレビやラジオの普及は、われわれの生活を豊かにしてくれた。それらは個人では、知りえない事柄をわれわれに伝えてくれた。しかし、それは、メディアからの一方向的な情報の伝達であるという限界があった。けれども、現在、自らの意思で自ら必要な情報を選び出すことができる。一方的な情報の提供に甘んじるのではなく自らの意思をもって情報を収集・発信できるところに大きな特徴がある。今や、このあたり前のことではあるが、このことは年齢や性別を問わず、さらには高齢者や病床にあり外出できない人々であっても、いろいろな情報を得ることができるということをもたらした。身体的な制約をもっている人々にとっては、見聞を広げる大きな機会を得たのである。外出が難しく、限られた空間での生活を余儀なくされた人々にとっては、部屋の外の世界の様子を容易に写真や動画を介して知ることもできるようになった。もちろん、実際の体験を超えることはできないかもしれない。しかし、現状の身体能力を超えて外部の世界を知ることを可能にしたという現実がここにある。それは、単なる可能性の拡大だけではなく、その人の生活の質の向上にもつながるものであり、その意味で情報社会の貢献は大きなものであったといえる。現代の情報社会は、必要とされる多様な情報を容易に手に入れられるようになったという言葉の裏にはこのような事態も含まれているのである。

▶双方向コミュニケーションが生んだ結びつき

　現代の情報社会の特徴でもある双方向性は、情報通信機器を通してさまざま人々と結びつくことを可能にした。ここにも先の高齢者や病床にある人々の例と同様に「さまざまな人々と結びつく」という言葉には、それ以上のものがある。現代の日本社会は、多くの問題を抱えている。家族をめぐる問題は、その代表かもしれない。子育てにはじまり、老親の介護にいたるまで多様なバリエーションを持つ。しかし、これらは「家族の孤立化」に原因がみられる場合が多い。「家族の孤立化」ということが問題のすべてを尽くすものではない。けれども、ここに現代社会を象徴

する事態を見て取ることができる。そして、現代の情報社会がこの問題に一筋の光をもたらしてくれている。家族の孤立化とは近くに助けを求められる親族や友人知人がいない状態である。親族が近くに住んでいたり、地域社会との関係が密であったりした時代は、容易に助言や援助が求められた。しかし、現代は、親族との地理的分散、地域社会との関係の希薄化など助けを必要としても助けを求めることができない状況も多い。そのようななかすべてを解決してくれるわけではないが、公的機関も民間も援助ための情報発信をしてくれている。そこには、孤立しがちな人々に新たな可能性を与えることになる。子育てや介護に悩み、だれにも相談できずにいた人たちに些細な愚痴の聞き役から専門的な情報まで手に入れることが可能になったのである。なにより、同じ悩みを持った人々が集い助け合うという新たな社会が情報空間上に形成されているのである。

　現代社会において、対面的な人間関係の希薄化の傾向は否めない。しかし、現代の情報社会は、それとは逆の事態が生じている。対面的な関係はそこにはないかもしれない。しかし、対面を超えた密な人間関係が生じているのも事実である。非対面で面識もない人間が結びつく世界がそこにある。そして、その非対面的な情報空間上の人間関係が、悩む人々を救っている。従来の人間関係を補完する実態がそこに生まれたのである。

　現在、誤った情報や意図的に操作された情報などが散乱する情報空間であることは事実である。一個人の経験的な知見をうのみにして深刻な事態に陥ることもある。いまや私たちは、これまで以上に情報の妥当性を吟味する能力が求められている。情報を容易に入手できることと、それを有効活用できることは別問題なのである。しかし、このことを避けて通ることはできない時代にわれわれは、生きているのである。

圓岡　偉男（つぶらおか　ひでお）…総合情報学部総合情報学科社会情報学系教授／専門分野：理論社会学

第1部　情報社会の課題に挑む　193

第7章　情報×コミュニケーション

1. ICTで地域を元気に!
～ICTでつながる地域社会と大学、学生の未来～

河野　義広

▶地域活動の取り組み

　近年、大学において地域活性化のために地域を教育研究のフィールドとして活用し、研究成果を地域に還元するためのワークショップや公開講座が盛んに開催されている。地域に開かれた大学を目指し、地域住民やNPOとともに地域の課題解決や地域づくりに継続的に取り組む姿勢が重視される。東京情報大学では、大学が所在する千葉市の他、四街道市、佐倉市、香取市と連携協定を締結し、地域資源の発掘や情報発信、地域の食材を活用した商品開発、子ども向けアントレプレナーシップ教育など、地域を教育や研究活動の場として活用している。

　筆者のゼミでは、地域活動を通じて社会的課題を発見・解決し、学生たちの主体性を育むことに着目して研究を進めている。学生たちは、地域の小学生たちが主体で行うまちづくりプロジェクト「こどものまち」に参加し、子どもたちのサポートをしながら、地域の大人達と協力して活動を進めている(図1、2)。こどものまちでは、子どもたちが考えたお店、市役所や警察などの行政機関の仕事を体験し、働くことやお金の流れを知ることが目的である。ゼミで開発した「お仕事タイムカードシステム」は、お仕事センター(子どもたちが働きたい仕事を選ぶハローワークのような場所)と銀行の機能をシステム化し、子どもたち自身がタブレット端末で操作できるよう設計した(図3)。

　学生たちは、夏休みのこどものまち本番に向けて、子どもたちと一緒に企画を考えたり、お店の作り方を教えたり、たまにふざけている子がいれば叱ったりして、子どもたちとの関係を築いていく。また、それまでの

194　第1部　情報社会の課題に挑む

図1　こどものまちの様子1　　**図2　こどものまちの様子2**

図3　四街道こどものまちWebサイト　　**図4　お仕事タイムカードシステムの画面**

様子を写真や映像で記録して、Webサイト(図4)を作ったり、動画を編集したり、Facebookで発信したりして、地域活動の取り組みをアピールしている。このような地域活動を通じて、学生たちは子どもとの接し方や仕事に対する主体性、システム開発技術、コミュニケーション力などを高めることができる。

▶地域活動と学生の主体性開発

地域を教育研究のフィールドとして活用し、地域活動を通じて、こどものまちの運営効率化や人脈の可視化、子どもたちへのICT教育などの社会的課題を発見する。加えて、それら課題に対し、Webシステムやスマホアプリの開発、運営体制の構築、教育手法の検討などに取り組み研究を進める。

ここでは、地域活動を通じた学生の主体性開発に関する研究を紹介する。地域活動において、地域の大人達との打ち合わせや子どもたちとの交流、準備や各種制作に関する計画と作業など、実際の活動内容とその強度(どの程度活動したか)を記録し、それらの活動が学生の主体性や実行力、コミュニケーション力などの成長度にどの程度影響があ

表 1 学生の成長度を評価するルーブリック（一部）

	模範学生	理解者	要努力
子ども目線に立てたか	子どもの目線に立ち気持ちを汲み取って行動できる	子どもの目線に立ち気持ちを汲み取ることができる	子どもの目線に立ち気持ちを汲み取るにはまだ努力が必要である
計画	自身の役割を理解し、自ら計画を立案し目標とする状態まで計画を進めることができる	与えられた計画を、目標とする状態まで進めることができる	自身の役割を理解し、計画を進めるためにはまだ努力が必要である

るかを調査した。具体的には、活動内容と成長度を記録するためのルーブリックを作成し、定期的に計測した（活動内容は週1、成長度は月1の頻度で計測）。ルーブリックとは、ある事柄の学習到達度について、その評価基準を観点と尺度の表として定義したものである。ルーブリックは、レポートやグループワークといった一般的な定量評価が難しい課題を評価する際に用いられる。学生の成長度を評価するルーブリックの一部を表1に示す。表1のルーブリックを定期的に計測しながら、学生の活動内容とその強度も合わせて記録し、統計的な分析を行った。執筆時点では十分な分析はまだできていないが、子どもとより多く接した学生ほど子ども目線に立って考えることができ、主体的に作業に取り組んだ学生ほど自身の役割を理解して計画的に行動できたという傾向が見られた。

　一方で、以前から子どもと関わることに慣れていた学生は、こどもの接し方や導き方という点ではあまり成長が見られなかった。このような学生に対しては、子どもと関わるだけでなく導き手としての役割を与えることで、地域活動の内容と成長の関連性を明らかにできると考える。今後、地域活動と学生の教育に関する調査を継続し、より詳細な分析を重ねることで、効果的な地域活動への関わりと学生の教育効果を両立できる活動プログラムを構築できると期待している。

　今後も地域活動を中心にシステム開発や教育手法を研究し、学生の教育、地域貢献、教育研究の一石三鳥を目指したい。これらの活動を踏まえ、「あいさつのできるまちづくり」や「学生の教育環境の整備」に貢献したい。

河野　義広（かわの　よしひろ）…総合情報学部総合情報学科情報システム学系助教／専門分野：社会情報学

2. 一人でも
コミュニケーションしている?

茂住　和世

「私はコミュニケーションが苦手」、「あの人はコミュニケーションが上手」と私たちはよく口にするが、ここで用いられている「コミュニケーション」とは誰かと言葉を使って話すということだろう。これは音声言語を使った情報のやり取りといえる。しかし、私たちは「話す」ときにだけコミュニケーションをしているのではない。一人で何かを見たり聞いたりしているときも、一人ぼっちでぼんやりしているときも私たちはコミュニケーションをしている。それを個人内コミュニケーションと呼ぶ。コミュニケーションとは知覚された情報を解釈するプロセスであり、個人内コミュニケーションはその最小単位とされる。

▶得られた情報と解釈

　例えば、朝7時に目覚まし時計が鳴ったとしよう。あなたは眠い目をこすりながらアラームを止め、起き上がる。これで既にコミュニケーションが成立している。それは五感で受け止めた情報（アラームの音）を解釈（7時になったから目覚まし時計が鳴った。ここで起きないと学校に遅刻してしまう）した結果である。これが個人内コミュニケーションである。仮に、朝からおもちゃで遊ぶのに夢中の子どものそばで7時に目覚ましが鳴ってもその子は気にも留めないだろう。その子にとってはアラームの音は解釈すべき情報ではないから無視され、目覚まし時計に対する個人内コミュニケーションは成立しない。もし（今はそんな部族はいないが）未開の人種の住む集落で7時に目覚まし時計が鳴ったら、彼らはその音に驚き、目覚まし時計を何か危険なものとして解釈し、たたき壊すかもしれない。これは知覚した情報（アラーム音とその発信源の目覚まし時計）を私たちとは異なる形で解釈した個人内コミュニケーションといえる。

そして、得られた情報をどのように解釈するのかに影響するのが文脈(コンテキスト)というものだ。右図を見てほしい。中央の記号(文字)は上下に読めば「13」だが、左右に読めば「B」となる。同じ記号(視覚情報)であっても文脈によって解釈が異なる。先ほどの例でも、平日の朝ではなく、日曜の朝であったら受け止めた情報(アラーム音)は同じでも解釈が変わり(今日は起きなくていい。止めて二度寝しよう)、異なる個人内コミュニケーションとなる。

　私たちはこのように、五感で得られた情報をその場・その時の文脈の中で解釈をしている。このような個人内コミュニケーションは、対人コミュニケーションをしているときにも絶えず行われている。私たちは相手の言葉だけでなく、その言い方や表情など知覚できたすべてから情報を得て解釈をしているのだ。そして、その解釈はその人の文脈に大きく依存する。

▶受け手の文脈

　「そんなこと言ったつもりないのに…」「ちゃんと伝えたのに…」というすれ違いは、言葉の問題というより、受け手側の文脈や解釈が原因で起こるのだ。だから、こちらの意図通りに何かを人に伝えようとする際には、情報の受け手側の解釈がとんでもない方向に向かわないように細心の注意が必要となる。筆者が日々取り組んでいる、外国人に対する日本語教育の現場では複数の国籍の外国人学習者が一つのクラスにいるため、英語などの媒介語を使って教えることはできない。そのため、教室内では日本語で日本語を教える。その際に重要なのは学習者の文脈に合った形でその言葉の意味を提示することだ。例えば「高い・安い」という形容詞を教えるとき、ある教師はベンツの写真を見せて「この車は高いです」、国産の軽自動車の写真を見せて「安いです」と教えようとした。

しかし、軽自動車であっても発展途上国の学習者にとっては「高い車」かもしれない。また、ベンツがいくらするのか知らない学習者もいるだろう。日本人的な感覚が学習者の文脈とはかけ離れている場合もあるのだ。どんな国の学習者でもわかる文脈で教えるには、スーパーに買い物に行くという状況を設定し、バナナ一房が一昨日、昨日と100円であったのに、今日は200円となっているという事実を示し、「今日は高いです」という文をため息まじりに提示するとわかりやすいだろう。逆に今日が50円のときは「今日は安いです」とうれしそうに発話する。バナナの適正価格がいくらかに関係なく、昨日との比較であればどんな国の学習者でも理解できるし、このフレーズはすぐにでも使うことができる。文脈が共有されたところで、教師が表情豊かに発話することで目からも耳からも情報が解釈される。彼らが実際にスーパーでしている個人内コミュニケーションを教室場面で再現することで、辞書使用や細かい説明をせずに日本語を教えることができるのだ。

　さて、外国人に日本語を教えるようなことはめったにないだろうが、皆さんも自分の伝えたいことを確実に相手に伝えるためには、文脈の共有とともに相手の五感に響くような伝え方を意識するといいだろう。ちまたでよくいわれる「相手の立場になって話せ」とは思いやりの問題ではなく、相手はどんな文脈でこちらの発言を受け取ろうとしているかを見極めろということだ。「相手をよく見て話せ」とは熱意の問題ではなく、こちらの話を相手が確かに受け止めているかを確認しながら話せということだ。とくに、年齢が離れている人や生活環境が自分と違う人、また、関係が悪化している人とのコミュニケーションにはこうした意識が必要だ。コミュニケーションの成否は相手がどのように解釈するか、つまり受け手の個人内コミュニケーションにかかっている。

　茂住　和世（もずみ　かずよ）…総合情報学部総合情報学科社会情報学系准教授／専門分野：日本語教育

3. ことばと情報

鈴木　理枝

　ことばは世界中に存在しており、現代の情報社会において、人々は莫大な情報量の中で生きている。そのため、多くの情報の中で、何が真実で、何が真実でないか、あるいは、生きて行く中で、どの情報が自分にとって必要なのか、情報の取捨選択が必要となり、重要になってくる。

▶人格の形成とメディアの役割

　人間にとって生まれ育った地域の環境によって培われたことばは、人格を形成する大きな要因となる。人はことばによって人格が形成され、人間関係を構築し、社会で貢献することができる。ここでは、ことばと情報の関係について、メディアを通して考えてみる。

　現代の情報社会において、メディアの果たす役割は非常に大きい。現代の子供たちは生まれた時から膨大な情報社会の中で育ち、小学生の頃からスマホを使いこなし、情報の渦の中で成長している。そのため、メディアリテラシー、つまりメディアの伝える情報を批判的に判断・活用し、それを通じてコミュニケーションを行う能力を養う必要が生じてくる。メディアリテラシーがない場合、吸収する全てのメディア情報を真実であると信じてしまうのである。そしてメディア・コントロールに陥らないように、より多くの書物を読み、新聞も各社の報道の仕方が違っているため、読み比べをして、より多くの人とコミュニケーションをとることが大切である。その訓練を通して、情報収集能力が身につき、自分自身の考え、意見を伝達することができるようになる。

▶米国大統領選挙にみるメディア戦術

　メディアを利用したわかりやすい例として、2017年1月20日に第45代アメリカ合衆国大統領にドナルド・トランプが就任した。当初、ヒラリー・クリントンが初の女性大統領の誕生かとメディアでは騒がれたが、結果は違っていた。トランプ大統領の勝因の理由は、複数考えられるが、ここではトランプ大統領の発することばについて焦点を当て考えてみる。

　トランプ大統領のスピーチの一番の特徴は子供でも、外国人にも分かりやすい語彙と表現を使って話すことである。教育のあるないにかかわらず万人にわかることばで話すことである。これまでの政治家の話すスピーチのスタイルとはかなり違っているのである。トランプ大統領は裕福な家庭に育ち、学歴も高い。アメリカのジャーナリスト、トム・ブロコウ、司会者のデイヴィッド・レターマン、オプラ・ウィンフリー、インタビュアーのチャーリー・ローズ等によると、1980年代、1990年代のトランプ大統領の受けたインタビューでは、明確に話し、洗練された語彙を使用し、現在のように、短く単純な言葉ではなく、洗練された文章を話していたといわれている。大統領選では、あえて戦略的に子供にも理解できることばを使用して、ヒラリー・クリントンと戦ったのである。中低階層の労働者階級に焦点を当て、分かりやすい言葉を使い、これまでの既得権益層を攻撃して支持を得たのである。国民は、トランプの使うことばによって、政治がより身近に感じ、彼らの代弁者として支持した。「トランプならアメリカを変えてくれるのではないか」、「厳しい現状を変えてくれるのではないか」、「よりすばらしい環境にしてくれるのではないか」と彼のスピーチによって変化を期待したのである。

　カーネギー・メロン大学における大統領選でのスピーチ分析によると、5人の候補者のうち、トランプ大統領が最も易しい語彙と文法を使用していることをして示していると分析している。スピーチの文法は、小学校6年生を下まわると言っている。トランプ大統領は戦略的に万人にわかることばを使用して、相手を攻撃して大統領選を勝ち取っている。

　また、彼のツイッター好きは有名である。周りからの賛否両論ある中で、現代のSNS社会を上手に利用して、自分の意見を自由に発信している

のである。北朝鮮の金正恩との暴言のやりとりは有名である。まさに言葉の戦争である。そのため、かなりの批判にさらされている。また、メディアとの対立はかなり辛辣になってきている。

▶言葉を通じて「考える力」を身につけること

　メディア・コントロールという言葉は、今では聞きなれた言葉である。アメリカの著名な言語学者で、米国の外交政策を痛烈に批判してきたノーム・チョムスキーが書いた『メディア・コントロール』という著書の出版からこのことばが、世に急速に広まった。簡単に言うと、国家やメディアが情報操作することを示している。チョムスキーは著書の中で、「国家による組織的宣伝は、それが教育ある人々に支持されて、反論し難くなったら、非常に大きな効果を生む。この教訓は、後にヒトラーをはじめとして多くの者が学び、今日にいたるまで踏襲されてきている」と語っている。多くの情報はメディアを通して、私たちの生活に当たり前のように入り込んでくる。そしてメディアを通して政治、経済、文化、海外事情等知るのである。大切なことは、メディアで使用されている膨大な量の言葉の中から必要な言葉を選択、比較して、正しく意味を理解し、ことばを通して「考える力」を身につけることである。そうすることで、いわゆるメディア・コントロールされない能力、つまり多くの情報に左右されない知識と能力を身につけることができるのである。

　私たちは、ことばがいかに人間社会で重要で、ことばによって世界が成り立っているかがわかる。そしてことばは、情報という渦の中で進化し続けているのである。現代社会の中でことばを正しく読み取り、相手に伝達していくこと、コミュニケーションの実践的訓練は人間の成長において、なくてはならない要素になってきている。

　鈴木　理枝（すずき　りえ）…総合情報学部総合情報学科社会情報学系教授
／専門分野：英語学，言語学，コミュニケーション実践論

4. 介護業界の課題とITを活用した取り組み

池田　幸代

　少子高齢化が進み日常生活で何らかの介護を必要とする要介護人口が増加の一途をたどっている。一方で介護職として献身的に質の高いケアを提供したいと考え、高い専門的なスキルを身につけた志の高い若者達が、低賃金や重労働など、さまざまな理由から介護業界を離れ、人手不足が慢性化している。

　厚生労働省社会保障審議会介護保険部会の報告書「介護保険制度を取り巻く状況等」（平成25年 8 月28日）によると、2055年には要介護率が高くなる75歳以上の人口が全体の26.5％に当たる2041万人を超え、今後もますます介護現場の人手不足はすすむとみられている。

　介護業界の人手不足は、どうすれば改善できるだろうか。

▶介護事業所の課題と対策

　介護事業所には、利用者満足度を高めるために介護スタッフが提供するサービスの質の向上が求められる。サービスの質の向上には、提供する側である介護スタッフの職務満足度を高める必要がある。一部の介護事業所で、介護スタッフの専門性を高めるため、介護の資格を有する人しかできない高度な業務を有資格者に、資格を必要としない業務については、それ以外のスタッフに担当してもらう、という職務の専門化に取り組んでいる。

　職務の専門化によって、介護職という業務に対するプロ意識と誇りを芽生えさせ、介護スタッフが心のこもったケアができる環境を整備したい考えである。

　しかし実際のところ、介護業務は複雑で、利用者によって要介護度や認知症の程度にも差があるほか、体調や気分が時間帯や日によって

も変動することが多い。そうした対応に追われる中で、介護スタッフの中には精神的・時間的な余裕が無く、疲弊してしまうことがある。また例えば、利用者に関する介護記録や介護計画の作成について、スタッフで話し合い、手書きで作成するなど、書類作成にかかる負担も大きい。そのため、介護事業所の経営者は、ITやAI（人工知能）技術の導入によって、タブレット端末による情報共有のリアルタイム化や、自動の書類作成機能の活用などをすすめ、そうした疲弊した現場を整った働きやすい環境へと整備したいと考えている。また、ITやAI技術の導入の方法によっては、利用者にとっても介護を受ける上でメリットがあると考えられている。利用者の体調の変化を知らせるウエアラブル端末、徘徊を見守るためセンサーなど、さまざまなツールが開発されている。

図1　介護事業所の経営課題とその対策

▶介護現場にロボットを

介護現場へのロボットの導入は、このような介護の現場でのさまざまな課題を解決する対策の一つとして脚光を浴びつつある。介護事業者に対してロボットを導入する際にかかる費用を補助する制度も始まっており、例えば千葉県では平成29年度の「介護ロボット導入支援事業の補助金事業」では、「介護ロボットの購入、レンタル又はリースにかかる経費」が対象となっている。

また経済産業省では、「ロボット介護機器開発・導入促進事業（開発補助事業）」によって介護ロボットの開発と導入の支援をしており、この対象となっているロボットの種類は①移乗介助機器（装着型・非装着型）②排泄支援機器③移動支援機器（屋内・屋外型）④見守り支援機器（在宅・介護事業所）⑤入浴支援機器、がある（平成26年度）。

大和総研では、報告書「介護ロボットが普及するには何が必要か」(2014年12月29日)の中で、「認知症ケア」が介護施設において業務改善要望が高い介護の種類として該当しており、認知症の利用者に対する課題として、「認知症高齢者の話し相手として時間をとられる」「利用者が考えていることが分からない」「徘徊に対応しなければならない」ことがある、としている。

このようなケースもあり、認知症の利用者への対応に向けて利用者を相手にする「コミュニケーション・ロボット」も介護現場での導入が進んでいる。そして心理療法的観点からロボットを活用し、利用者の心身の状態を改善していこうとする研究も行われている。アザラシの姿をした愛くるしいロボット「パロ」は、スウェーデンやデンマークにおいて臨床実験が進んであり、我が国より多くのデータと導入のノウハウを蓄積している。

▶Pepper君とAIソフト

ソフトバンク社製のロボットPepperは、コミュニケーション・ロボットとして、利用者の話し相手や体操プログラムの主導的役割を担っている。東京都荒川にある㈲ケア・プランニング社では、他の事業所に先駆けてPepperの導入のあり方について、検討を行ってきた。東京情報大学の研究チームにおいては、認知症である利用者および介護スタッフにとって、Pepperの導入がもたらす効果の測定、およびコミュニケーション・ロボット導入の仕

方を検証する取り組みが行われている。研究では、利用者の様子をビデオデータとして蓄積し、それを「Facial Action Coding System(顔面動画符号化システム)」をもとに作成された感情認識AIソフト「Affectiva」を使用して㈱シーエーシーが開発した「Kokoro Sensor」を

用いて分析するといった試みが始まったばかりである。利用者はPepperとふれあうことでより自発的に声を出したり、笑ったりする姿も観察されている。

　今後、ますますロボットを活用する介護現場が増えると予想されるが、これにより介護業界の人手不足に歯止めがかかり、利用者にはもちろん、介護スタッフにとってもより良く明るい社会づくりに貢献できる研究成果の報告が期待されている。

池田　幸代(いけだ　ゆきよ)…総合情報学部総合情報学科社会情報学系准教授／専門分野：経営学，経営組織論

5. ネット社会が睡眠を奪う?

安岡　広志

　近年、日本の若年層おいて、ソーシャルメディアの進展やスマートフォン(以下スマホと略)の急速な普及により、利便性が向上する一方で、インターネットの長時間利用により実生活に悪影響が出る「ネット依存」と呼ばれる事例で社会問題となっている。「歩きスマホ」「食事の時も手から離さないスマホ」「就寝時にもスマホを確認」など「…ながらスマホ」という現象が起きている。

　2017年の総務省の調査報告によると、10代後半から20代のインターネット利用は99%を超え、スマホの利用は約89%となっている。特に5年前(2012年)と比較して、6歳〜12歳の低年齢層でインターネット利用が大きく上昇(61.6%から81.6%)している。

　若年層にとって、従来の「見る、聴く」といった受動的なメディア(テレビ、ラジオ)の視聴時間が減少し、自ら発信しやすい参加型要素と受動的要素を含むソーシャルメディア(LINE、YouTube、Twitter、Facebookなど)の利用時間が年々上昇している。そのことが「ながらスマホ」といった現象につながっている一因と思われる。また、幼少期のころからインターネット環境が整っていたことで、ネットと深い関わりを持っていたことも、関係しているかもしれない。

　現代社会では、スマホ利用者の低年齢化現象、その利便性の向上、ソーシャルメディアの進展、携帯機器のゲームコンテンツ普及などが、若年層の利用者自身が、気づかないままインターネット依存(以下、ネット依

存と略）に陥っている場合があると予想される。

　若年層の生活習慣の乱れが問題視され、中でも睡眠不足による日常生活への支障が挙げられる。1日8時間程度の睡眠が最適とされるが、果たしてどれだけの人が十分な睡眠を取れているのであろうか。日常生活では、コンビニエンスストアの全国的な展開によって、24時間化が進み、ライフスタイルそのものが変化してきている。加えてインターネットの過度な利用により睡眠環境が悪化し、日常生活への影響も考えられる。グローバル化した現代では夜間の仕事が数多く存在し、便利になった半面、健康問題について指摘されるようになっている。

　2014年厚生労働省健康局から、新しい睡眠指針の報告では、現在若年層への睡眠環境の対処とネット依存からの脱却を目的として、就寝前の情報機器の操作を控えることが望まれている。不規則な睡眠は生活習慣病につながりやすく、特に成長期の中学・高校生の健康への悪影響が懸念され、急激な生活変化に伴い、「夜型人間」が増加しているといわれている。

　一般家庭に電話が登場しラジオ、テレビの普及、そしてインターネット社会へと進化したのは、わずか数十年前のことである。それまでの生活リズムは、遅くとも夜10時ごろまでに就寝していたが、近年では高校生の70%が午前0時を過ぎても起きているという報告がある。

　別の側面の「夜更かしと成長ホルモンの関係」という健康問題も考えられる。成長ホルモンは、夜10時ごろから、午前2時ごろにかけてもっともよく分泌されるといわれている。その時間帯に、寝ることをしないで夜更かし状態に陥っていると、他のホルモン分泌のリズムにも影響を与え、成長のバランスが崩れやすくなるともいわれている。そういった側面から見て、今の若年層の人たちが自ら夜型生活を始めたのではなく、現代社会での大人のライフスタイルや価値観の変化に引っ張られる形で、子供のころから夜更かしは進行し、いつしか定着した可能性もあるのではないだろうか。明らかなのは、子供や若年層の睡眠をおざなりにすることは、学習意欲や学力低下のみならず、判断能力の低下、不注意による事故など、将来にわたってさまざまな「負の遺産」を負わせられることに

なる[1]。

しかし、ネット依存により睡眠環境が日常生活に影響し、健康管理に関わる調査データが不足している状況であったため、筆者は、Webアンケートシステムを用いて14歳から20歳代の598人（男：256人、女：342人）から有効回答を得た。その結果として、高校生や大学生の間で睡眠に関するパターンに有意差はなかった。それらは、類似した睡眠の状態にあり、睡眠不足に陥りやすい夜型生活の傾向があった。また、慢性睡眠不足に結果的に夜型の生活は不活発（体の機能を使わない、動かない状態）になることがわかった。

スマホの利用率が高い大学生を対象に、ネット依存傾向のある者の健康度及び生活習慣、気分状態などの健康度との関係性を調べた。ネット依存傾向尺度による分類から、「ネット依存傾向の人たちをA群」とし、「ネット依存していない人たちをB群」とする二つの群に分類し、この二つの群について心身の健康及び生活習慣、気分状態の調査を行い、その特徴を分析した。調査の結果、対象者156人中A群は58%、B群は42%であった。

A群はB群と比較すると、身体的健康度、精神的健康度、睡眠の充足度が有意に低値を示した。A群は、睡眠不足のため昼間に眠たくなり、勉強がスムーズにはかどらず、大学生活に影響を及ぼしていることがわかった。また、就寝時間が遅くなることから夜食の習慣化が生じ、目覚めの体調不良から朝食の欠食などがみられ、イライラ感や肥えすぎ・やせ過ぎなどにもつながると考えられた。心理検査では、A群はB群と比較すると不安感、抑うつ感、イライラ感が増していることがわかった。これらの結果から、ネット依存傾向のある者は、睡眠習慣と身体的及び精神的健康に相互に悪影響を与える可能性があることがわかった。特徴的な結果としてA群の約65%にネット依存傾向があることを自覚しているが、約17%には自覚がなく、依存傾向が進行する可能性があることが分かった[2]。

このようにネット依存に加えて、慢性的な睡眠不足が深刻化する前に自らネット利用時間の制限を設ける努力を試みること。日ごろから一定の

生活リズムを保つこと。そして初中等教育段階からメディアリテラシー教育の充実をはかり、ネット依存が生活習慣や心身の健康に与える危険性について啓発することが重要であろう。

▶参考文献

1) 三池輝久　2014,子どもの夜ふかし脳への脅威　集英社新書 ISBN978- 4 -08-720735- 4
2) 中島みずき,佐藤健 2015,ネット依存と睡眠環境による自律神経機能への影響　Japanese Society of Human-Environment System HES39 in Odaiba , 20-21 Nov, 2015 PP133-136

安岡　広志(やすおか　ひろし)…総合情報学部総合情報学科社会情報学系准教授／専門分野：視覚情報処理学, 視覚伝達デザイン学

第 2 部
少子超高齢社会の課題に挑む

第1章　看護×情報の基本
第2章　次世代ケアとテレナーシング
第3章　当事者主体の情報管理

第1章 看護×情報の基本

1. ケアシフト現象から見る看護師が活躍する場の変化

松下　博宣

▶ヘルスケア組織の変化

　私の専門は健康医療管理学という分野で、ヘルスケア(保健・医療・介護・福祉サービスの総称)分野のイノベーションを医療経営・経済学、政策科学、国際制度比較、社会システムという視点から分析、批判、提言することだ。ここでは、ケアシフトと筆者が呼んでいる枠組みを使って、日本のヘルスケアの変化や看護師が活躍する場の変化を見てみたい。

　下の図はヘルスケア組織の変化の見取り図だ。横軸にキュア(治すこと)とケア(支えること)、縦軸に施設(集中させる)と在宅(分散させる)を

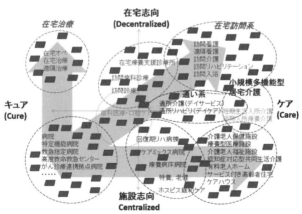

図1　ヘルスケアサービス・システムのケアシフト
出典：松下博宣. 医療看護イノベーション. メディカ出版. 2017. p150.

配置している。長年にわたり、日本は、人、物、金、情報、システムといった経営資源を病院に集中させてきた。図1の左下の病院である。ここには、急性期病院、特定機能病院、救急救命センター、がん診療連携拠点病院などが含まれる。多くの読者は、看護師が働く場として、このような「病院」の姿を連想することが多いことだろう。

▶ケアシフトという社会システム現象

ところが、一般にはあまり広くは知られていないことだが、今や日本全国の病院、病床数は減少しつつある。急速に高齢化して、疾患や障害とともに生きる人々の絶対数が増えていることを考えると、矛盾する現象ではないかと思う読者も多いのではないか。

さて、この疑問に答えつつ、ケアシフトに関わる四つの視点から看護師が活躍する場に変化について眺めてみたい。

第一に、人口の高齢化である。高齢化率が7%を超えてからその倍の14%に達するまでの所要年数を高齢化倍化年数という。欧州の国々、たとえばフランスが126年、スウェーデンが85年、イギリスが46年、ドイツが40年であるのに対し、日本はわずか24年だ。つまり日本は、時間をかけてゆっくりと高齢化しているのでなく、他の先進国と比べて急速に高齢化している。人は老化するにしたがい疾病罹患率が上がり受診することが多くはなる。病院が得意とする「治す」ことを求める人々よりむしろ、旧来の病院があまり得意ではない「支える」ことを必要とする人々が増加している。

第二に、本来「治す」場としての病院が「支える」場になってしまって、本来病院に入院する必要のない老人が入院して長い期間を病院で過ごすという「社会的入院」問題を作ってきた。公的介護保険の施行とともに、「社会的入院」を解決する一助として、介護老人保健施設、療養型医療施設、介護老人福祉施設、サービス付き高齢者住宅などが急増してきている。2018年度診療報酬改定では、「介護医療院」という施設も新設された。

第三に、多くの人々は、自分たちの生活が分断されることなく、住み

214　第2部　少子超高齢社会の課題に挑む

慣れた地域や在宅で「支える」サービス、「治す」サービスを受けたいと望み、また行政やヘルスケアに携わる法人組織もそのようなニーズをくみ取ろうとしている。すなわち、図1の右上の領域、つまり、訪問看護、遠隔看護、訪問介護を含む在宅訪問系のサービスに対するニーズが急速に高まりつつある。

　第四に、過剰な病床数を減らして在宅でケアしていこうとする政策の方向だ。国際比較をしてみると、人口1,000人あたりの病床数は、米国や英国は3床、フランスやドイツは6〜8床程度だが、日本は13床もある。平均在院日数については、日本は約30日で、10日以下の欧米各国と比べて突出して高いのだ。そして年間42兆円もの国民医療費の約4割を入院医療費が占めている。国は、医療政策はこの入院医療費を「適正化」するために、患者ニーズに合わせて「高度急性期」、「急性期」、「回復期」、「慢性期」の4区分ごとに、必要な病床数を計算している。そして「地域医療構想」を通して、病床数をさらに減らし地域完結型の在宅ケアを進める方向で政策誘導、つまり政策によって患者、利用者の行動、医療機関の行動を変えようとしている。

▶キュア＆ケアサイクル

　政策では地域包括ケアシステムが喧伝（けんでん）されて久しいが、より重要なのは、抽象的な地域包括ケアシステムを具体化する、キュア＆ケアサイクルの実現である。図2に示すように、キュア＆ケアサイクルとはサイクルのように変化する利用者・患者のニーズを中心にして構築される持続可能なヘルスケアシステムのことだ。

　このような背景のもと、公的病院に比べ経営の自由度が高い民間病院はキュア＆ケアサイクルの実現に向けて大きく変化している。例えば、特別養護老人ホームの3割は民間病院所有であること、病院・老人保健施設・特別養護老人ホームの「3点セット」を開設している私的保健・医療・福祉複合体が全国に約260グループもある。[1]　平成26年介護サービス施設・事業所調査の概況によると、医療法人が経営する介護老人保健施設は全体の74.3%、介護療養型医療施設は82.7%を占

第2部　少子超高齢社会の課題に挑む　215

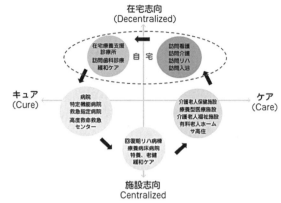

図2 キュア&ケアサイクル
出典:松下博宣. 医療看護イノベーション. メディカ出版. 2017. p152.

めている。医療法人が経営する訪問看護ステーションは、全体の36.0%、短期入所療養介護は76.9%、通所リハビリテーションは77.2%を占めている。訪問看護ステーションは、2013年現在 6,992カ所となっていて、設置主体は、医療法人36.0%、営利法人(会社)32.6%、社団・財団法人12.0%、社会福祉法人8.1%などとなっている。

このような変化によって、ますます看護の重要性は高まるばかりだ。近未来の看護師がキャリアデザインをする時、既存の病院での役割にとらわれず、ケアシフトそしてキュア&ケアサイクルを推進する役割を応援したい。

▶参考文献

1) 二木立. 保健・医療・福祉複合体――全国調査と将来予測. 医学書院. 1998. p115.

松下　博宣(まつした　ひろのぶ)…看護学部看護学科教授／専門分野:健康医療管理学, 医療政策分析, サービス科学, アントレプレナーシップ&イノベーション, グローバルヘルス, 人的資源管理, 看護経営学

2. 情報学の先駆者
ナイチンゲール

内潟　恵子

▶ナイチンゲールと情報

　「ナイチンゲール」と聞いて多くの人はどんな人物像を描くであろうか。クリミア戦争のおり野戦病院でランプをもちながら負傷した兵士たちを見回り、献身的に尽くしたという「白衣の天使」としての姿であろうか。ナイチンゲールが看護の世界、広く医療の世界で今なお名前が刻まれているのはその姿ではない。実はナイチンゲールは情熱的で戦闘的な統計学者であった。しかもその統計学を使って情報発信をした先駆者であったことは一般の人にはあまり知られていない。なぜナイチンゲールが統計に関心をもち、情報発信の先駆者と言われるのか、生まれてからの人生について知る必要があるだろう。

▶ナイチンゲールが看護と出合うまで

　フローレンス・ナイチンゲール（Florence Nightingale：1820〜1910年）は、英国人の両親がイタリアのフィレンツェに滞在しているときに生まれた。フィレンツェを英語名ではフローレンスである。大富豪のもとに生まれ、上流階級の娘として幼少のころから高い水準の教育を受けていた。彼女は両親とともにヨーロッパ大陸のいろいろな土地で生活していたので、家庭で個人指導それも一流の家庭教師から勉強を教わった。外国語はもちろん歴史や哲学、音楽教育も充実していたようだ[1]。その中でナイチンゲールは統計学や数学に強い関心をもち、ロイヤル・ソサエティ会員（英国に本部を置く現存する最も古い科学学会）の数学者シルベスターにも個人指導を受けている。さらにベルギーの統計学者アドレフ・ケトレー（1796〜1874年）を終生の師と仰いだ。

　ナイチンゲール一家は、1837年9月から1839年4月まで（17〜19歳）

第2部　少子超高齢社会の課題に挑む　*217*

ヨーロッパ大陸へ長い旅に出た。その行く先々でその土地の上流階級、学識のある人々の団体や施設そして教会の救護施設や病院なども訪問した。彼女はそこで国や地域によって政治や社会の違いに興味を持ち、いろいろな統計データを集めて記録した[1]。また上流階級であったためヴィクトリア女王にも謁見を許される立場であったことは、後の国王による勅選委員会設立の要望にも役に立つことになる。ナイチンゲールは慈善訪問をしているうちに奉仕する仕事に就きたいと考えるようになったが、家族は大反対であった。その当時上流階級の娘が職業を持つことは考えられないことであったからだ。しかし、彼女の看護師になりたいという決心は変わることがなく1851年（31歳）家族から独立する決意をした。慈善授業をする修道女のための訓練施設で訓練を受けてから、パリの病院や施設で組織のことや管理の勉強を学び、ついに念願のロンドンにある慈善施設の施設長となった[1]。

▶ナイチンゲールの情報活用

1854年（34歳）勃発したクリミア戦争に38人の部下の看護師を引き連れて従事することになったナイチンゲールは、そこで多くの兵士が次々と死んでいくのを目の当たりにした。戦闘で死んだのではない。粗末な食事、衣料不足、不衛生な状態な環境の下で長時間放置され、戦闘よりも院内感染によって死んでいった事実をみて、衛生状態の改善が自分の使命であると強く感じた。当初現地の軍医たちは官僚的な縦割り行政でナイチンゲールたちを拒否した。しかし、彼女は拒まれたからといってそれを受け入れるほど意志は弱くはなかった。病院内に入らなくてもできる仕事、どの部署の管轄にもなっていない病院のトイレ掃除に目をつけ徐々に病院内に割り込んでいった。ナイチンゲールたちは病院中を徹底的に磨き、汚物を取り除き、換気を十分に行い、兵士たちに温かな飲み物とベッドを用意し、身体を清潔にするなどの生活環境の改善に全力をつくし、それまで42.7%もあった死亡率を半年で2.2%まで下げた[2]。それこそ看護そのものの成果であり、看護が世に認められるきっかけを作ったことになる。後世に残る偉業の原点としては軍の膨大なデータと取

218　第2部　少子超高齢社会の課題に挑む

図1　ヴィクトリア女王の勅選委員会報告書[1] p7より

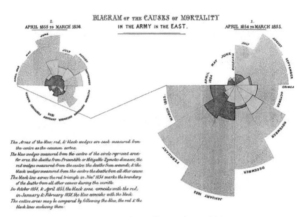

図2　東方駐留軍の死亡率のグラフ[3] p66より

り組み統計をとった。野戦病院での兵士埋葬記録簿、軍医の報告書、看護兵室で作成された報告書は、死者の数すら不正確であった[3]。ナイチンゲールは陸軍の衛生状態改革の必要性を強く感じ、これらの統計を使って情報発信することを決意した。

彼女は帰国してから1856年（36歳）から1861年（41歳）のわずか5年間で、統計学を使って数多くの情報発信を始めた。今までの経験を踏まえて医療統計を整然と記録し、計算方法のプランを導入したり、死亡率の比較分析をして英国陸軍の医療体制の改革を提案した[3]。具体的には王立の勅選委員会の新設を要望し、1857年には統計研究者の

ウイリアム・ファーと協同で1,000ジにも及ぶ報告資料を作成した。図1は今も英国の大英図書館に保管されている。図2は「鶏のトサカ」と呼ばれる扇形状をした円グラフで、クリミア戦争時の兵士の死亡率を表している。（グラフの大きな面積を占めているのが感染症での死亡率）

▶ナイチンゲールと情報発信

　ナイチンゲールはPC（パソコン）もSNSもない時代に統計学を使ってしかも相手にわかりやすいグラフで情報発信をした。衛生状態によって死亡率が変わっているデータを専門家ではない人もわかりやすいようにグラフにして訴えた。それが英国の陸軍のみならず、その当時英国の植民地であったインドの衛生状態改善にも大きく影響を及ぼした。インド総督諮問委員会の委員から「インドの衛生問題の改善案の四分の三はミス・ナイチンゲールによるものだ」と業績をたたえられた[3]。

　情報の発信としてナイチンゲールは150編ほどの膨大な著書を作成している。看護師にとって「看護覚え書（Notes on Nursing）」は代表的なものであるが、「女性による陸軍病院の看護」「インドの病院における看護」「病人の看護と健康を守る看護」など情報の発信力については現代もなお驚くべきものがある。

▶参考文献

1）丸山建夫：ナイチンゲールは統計学者だった!日科技連、（2008）

2）金井一薫：ナイチンゲール看護論入門、現代社、（1994）

3）多尾清子：統計学者としてのナイチンゲール、医学書院（1995）

　内潟　惠子（うちかた　けいこ）…看護学部看護学科講師／専門分野：看護，自己効力感向上，行動変容，自己治癒力

3. 身体からの情報を活かして「免疫力アップ」

宮野　公惠

▶免疫力と身体の反応

　体温は身体からの大切な情報で、体温が1℃下がると免疫力は30%も下がると言われている。なぜ免疫力と体温は関係しているのだろう。免疫とは人間が自分の力で外敵から身を守る手段の一つである。その重要な役割を担う白血球はリンパ球と顆粒球、単球（マクロファージ）に分かれ、血液を介して体内をパトロールし細菌やウイルスなどを撃退する。体温が高い方が白血球は活動しやすく、風邪をひくと熱が出るが、それも風邪ウイルスの侵入を察知した身体が内因性発熱物質を出して体温を上昇させ、白血球が働きやすくしている。また、繁殖しやすい風邪ウイルスの増殖も体温が上がることで抑制することができる。よって、熱が出たからと解熱剤でむやみに熱を下げることは必ずしもよいとは言えない。咳や痰なども、白血球が貪食した異物を排出するためである。そう考えると、全ての症状は身体が病気から身を守ろうとする反応ともいえる。

▶ナイチンゲールと自然治癒力

　今から150年前、近代看護の礎を築いたF・ナイチンゲールは『看護覚え書』の中で、「すべて病気は回復過程である」と表現している。本来、人間には自分で自分の身体を治す「自然治癒力」が備わっており、「病気は毒され衰弱する過程を改善しようとする自然の業」といえる。風邪をひいて熱が出るのも、ウイルスを撃退するために免疫機能を働きやすくする自然の業である。

　また、ナイチンゲールは「看護のしなければならないことは、自然が患者に働きかけるように最善の状態に患者をおくことである」という。つまり、身体からの生体反応（情報）を的確に受け止め、人間の持つ自然治癒

第2部　少子超高齢社会の課題に挑む　221

力を高めるように生活を整えることが看護の基本である。つまり、情報を活かして自然治癒力を高めることこそ、私たち一人ひとりが、自分の健康のために実践できることである。

▶自然治癒力を高めるには

では、私たちの自然治癒力を高めるにはどのように生活を整えていけばよいのだろう。

自然治癒力を高めることについて、次のような考え方がある。私たちの免疫機能を司る白血球は、正常な状態では顆粒球54〜60%、リンパ球35〜41%の割合を保っているが、そのバランスは自律神経と連動している。自律神経のうち、交感神経は活動時や緊張、興奮時に働く神経だが、これが優位になると顆粒球が増える。特に働きすぎ、悩みすぎ、薬の飲みすぎなどの過度なストレスが持続すると、顆粒球の増加により活性酸素が増え広範囲で組織破壊を引き起こし病気に至る。さらに血管は収縮し、血行が悪くなって体温が低下し、白血球の働きは低下する。

一方、副交感神経は身体を休めてリラックスした時に優位となり、白血球のうちリンパ球の増加に関与する。副交感神経が優位になると血管が拡張し血行が良くなって体温も上がるが、これも過度になると血管が拡張しすぎて体内の毒素を排泄できず病気のリスクにつながる。つまり、交感神経と副交感神経のどちらかに偏ることなく、バランスが取れている状態が、免疫機能が働きやすい状態だと考えられる。

しかし自律神経は、手足を動かすなど自分の意思で操作できる脳脊髄神経とは違い、自分の意思ではコントロールができない。自律神経のバランスをとるためには、ストレスをため込まず、適度な運動とバランスの取れた食事、睡眠をとること。これが看護の基本である「生活を整えること」であり、自然治癒力を高めることにつながるのである。

▶身体からの情報をしっかりキャッチ

さて、この顆粒球とリンパ球の割合は採血検査をして白血球分画をみ

ればわかるのだが、それでは時間もお金もかかり、採血という痛い思いまでしなくてはいけない。そう考えると体温は簡単に自律神経の状態を推し量ることができる情報といえる。

まずは、自分の体温を測定してみよう。理想の体温は36.5～37.1℃だが、それ以下の人も多いのではないだろうか。体温は年齢を経るに従って下がる傾向にあり、また最近では若い人でもエアコンの完備や無理なダイエットなどで、体温が低い人がいる。自分の生活を振り返り、仕事や人間関係などで過剰なストレスはないかを考えて、あまり頑張り過ぎないようにしてみよう。そして、「筋肉を増やすための適度な運動」「栄養バランスの良い食事」「質の良い睡眠、休息」を生活に取り入れていくことが大切である。

特に昨今、注目されているのが筋肉である。筋肉は体内で最も熱生産が行われる器官なので、体温を上げるためには筋肉を増やすことが効果的だ。筋力は20～30歳代をピークに徐々に減少し、高齢期には年間1～2％程度の筋力低下が認められ、近年は「サルコペニア（骨格筋量の減少と筋力もしくは身体機能の低下）」が高齢者の健康を考える上での重要な課題となっている。

しかし、年齢を経ても適度な筋肉トレーニングを継続すれば、筋肉量が増えることも報告されているので、高齢者であっても遅くない。もちろん、若いうちから筋肉をつけておくことは、人生100年時代を健康に生き

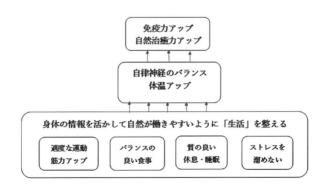

抜くことにつながる。筋肉は一朝一夕には増やすことが難しいので、まずは体温を上げるために、外から熱を補う方法…例えば、風呂でしっかりと身体を温める、冷たい飲食物ではなく常温以上の温かいものを摂取する、低温やけどに注意しながら湯たんぽなどで身体を温める、などを活用することも効果的である。

　平常時の体温をはじめ、指先が冷たくないか、顔色が悪くないか、呼吸が浅くなってないか…etc、自律神経が示す情報を大切にしてみよう。身体はたくさんの情報を発信している。しっかりキャッチして、ナイチンゲールの言う自然が働きやすい状態に「生活」を整えることで、免疫力アップにつなげていこう。

▶**参考文献**

フローレンス・ナイチンゲール著,小玉香津子,尾田葉子訳：看護覚え書,2004,日本看護協会出版会

福田稔,安保徹：免疫を高めると健康になる,2013,マキノ出版

齋藤真嗣：体温上げ健康法,2011,角川SSCムック

　宮野　公恵(みやの　きみえ)…看護学部看護学科助教／専門分野：看護学,教育学

4. 目と手の情報収集「観察」

第1章　看護×情報の基本

伊藤　美香

　看護の「看」は、「手」と「目」で「看る」ことを示している。看護師は、患者の状態を「目」で観察し、「手」で身体に触れながら情報収集している。患者が看護師に伝えようとしている情報は体温、血圧などの計測値や発する言葉だけではない。患者の日常的な立ち振る舞いや表情を観察し、言葉の奥に隠された感情を読み取り、いつもと異なる小さな変化をとらえて「あれ? 何か違う」、「何か変だ」と感じる。この経験と知識に裏づけられた直感的な気づきを紐解きながら、さらに観察を行い、情報を収集していく。一つひとつのケアは、それまでの経験と知識を組み合わせて、意図的に情報を集め、解釈、判断をしながら、さらに観察を続ける。「看護は観察に始まる。」とも言われているが、看護師は何気ないふるまいの中で、患者を注意深く観察している。

　フローレンス・ナイチンゲールは今から160年前の19世紀に、「看護とは何か」を明確にし、「看護覚え書」（1860年）[1]に記した。この書で看護師の実践が「看護であるのか」「看護でないのか」を判断する眼（ものさし）、すなわち看護の視点を明確に示した。[2]（図1）

　ナイチンゲールは「すべての病気はその過程のどの時期をとっても、

〈看護であるもの〉		〈看護でないもの〉
回復過程を促進するような援助	↔	回復過程を妨げるような援助
生命体にとってプラスになるような援助	↔	生命体に「毒」になるような援助
生命力の消耗を最小限にするような援助	↔	生命力の消耗をきたすような援助
生命力の幅を広げていくような援助	↔	生命力の幅を狭めてしまうような援助
持てる力を活用し高めるような援助	↔	持てる力を縮小させてしまうような援助

図1　「看護であるもの」と「看護でないもの」を判断する「ものさし」

第2部　少子超高齢社会の課題に挑む　225

程度の差こそあれ、その性質は回復過程であって、必ずしも苦痛を伴うものではない」[3]、さらに「看護とは、自然がはたらきかけるに最も良い状態に患者をおくことである」[4]と述べている。看護とは、この回復過程にある患者のもてる力を最大限活用できるように援助すること、すなわちケアすることである。

看護師の何気ないように見える働きかけが患者のもてる力を最大限引き出すことになる具体的な例を見てみよう。ある高齢の一人暮らしの女性が大腿骨頸部骨折（太ももの大きな骨の足の付け根部分の骨折）で手術を受けた。術後は患部を安静にするために、自由に起き上がって移動することができない。彼女は、医師からしばらくは入浴出来ないと聞いてがっかりしていた。普段からゆっくり湯舟につかることが、何よりの楽しみの一つであった彼女は「いつになったらお風呂に入れるのだろうか」と看護師に聞いてみた。その看護師は「まだ、風呂に入ることは出来ませんが、足をお湯につけて洗いましょうか」と提案した。女性は「え?足を洗ってくれるの」と不思議そうな顔した。ベッドに寝たままで足浴を始めた看護師に、「本当に気持ちいいねえ。お風呂はダメと聞いて諦めていたけど、足を洗うだけでこんなに体もポカポカしてくるとは知らなかった。ありがとう」と話した彼女は、足浴が終わる頃には、浅い眠りについていた。

この場面では、医師から傷の安静のために入浴を禁止され、何もかもが制限されたように感じている患者の様子は「生命力の幅を狭めてしまう」状態である。しかし、手術後の活動範囲の制限があったとしても、可能な限り活動できるように足浴の提案することによって、気持ちよさや心地よさをもたらすことができた。これが「生命力の幅を広げていくような援助」である。足を温める事は、血行や傷の治癒を促進し、適度な体温上昇により睡眠を促し安静を確保することにつながり、「回復過程を促進するような援助」となるだけでなく、入浴ほど体力を使わず、消耗を最小限に抑えることができる。術後の足浴は「生命力の消耗を最小限にする援助」であり、看護師が患者の持てる力を最大限発揮できるように働きかけていくケアでもある。

ゆったりとした気持ちになった患者は、その後、家で転倒した時から

手術までの間、これから先一人暮らしが出来るだろうかと案じ続けていたことを看護師に漏らした。看護師がマッサージする手によって回復の促進を実感し、今まで表現できなかった「悩み」を伝える「勇気」を得たのかもしれない。

　このように、看護師はただ足を洗っているだけでなく、言葉を添えて、心をほぐし、抱えた不安を聞き、患者と一緒に解決策を導き出していくのである。心に寄り添う声掛けの一つ一つが患者の持てる力を最大限に引き出す。「観察」という看護行為は、目で見えるものだけでなく、「こころの目」を通して、患者を看ることで、患者をより良い方向へ導いているといえるだろう。

▶参考文献

1）ナイチンゲール著、湯槇ます・薄井坦子他訳「看護覚え書」現代社、2017年
2）金井一薫著、「ナイチンゲール看護論・入門」現代社、2017年

　伊藤　美香（いとう　みか）…看護学部看護学科助教／専門分野：看護学

5. 情報管理の要を握る看護師

林　美佐

▶看護師にとっての情報と情報管理

　患者の情報を正確にかつ丁寧に把握することは、適切な治療やケアを提供するうえで重要なかぎとなる。医師は患者を診察する時、問診や検査、あるいは五感を使った観察法を用いてさまざまな情報を集め、その情報を総合的に判断して適切な治療法を見いだしていく。看護師も患者を取り巻くあらゆる情報を得ていくが、得た情報は、直接伝えたり電子カルテなどの共通の記録に記しておくことで医師の診断や治療の助けになる。無論、看護師は得た情報を基に看護師独自の判断を行い、患者にとって適切な看護活動を行っている。常に患者の傍らにいる看護師は患者の情報を管理し、適切に活用しながら、患者の療養生活を守る重要な役割を果たしている。

　実際に看護師はどのように患者情報を管理しながら患者の療養生活を守っているか、脳梗塞の患者事例から見てみよう。

Aさんは50代の男性で、居酒屋を経営していました。仕事中、突然ろれつが回らなくなり、手足のしびれと運動麻痺がおこり、救急搬送されました。医学診断は脳梗塞で、入院直後より点滴治療とリハビリテーションが開始されました。家族は妻と娘一人で、娘は遠方に嫁いでいます。自宅は居酒屋の二階にありました。トイレは居酒屋の店内にある和式トイレを使用していました。

228　第2部　少子超高齢社会の課題に挑む

▶入院初期の看護と情報管理

　看護師は入院直後、Aさんの身体的な情報（体温、血圧、脈拍、意識レベル、関節可動域、筋力、画像検査の結果、血液検査の結果など）を得て、脳梗塞はどの程度か、現在どのような症状が患者にとって苦痛となり、入院生活に影響しているかなどを考える。そして、今後行われる治療内容や観察していく頻度を想定し、治療やケア状況に合わせた適切な病室を選定し、療養環境を整える。薬物療法である点滴を時間通りに行うなど、医師が行う治療の補助を行いながら、脳梗塞の悪化の有無や治療の効果を観察し、苦痛を取り除く援助を行っていく。

　さらに病気や入院生活の不安など心理的な情報も得て、患者本人だけでなく家族の心理的なサポートも行う。そして患者の病状が落ち着いた頃、社会的な情報（職業、家族構成や家族関係、自宅の構造、趣味など）を得て、Aさんが退院した後、病気が生活に及ぼす影響を考えていく。このように看護師は身体的、心理的、社会的側面から具体的な情報を得て主体的に判断しながら、入院初期の重篤な状況の病気から起こるさまざまな問題を解決していくために患者に働きかけていく。

▶脳梗塞による障害と情報管理

　脳梗塞では多くの場合、運動麻痺や言語障害、嚥下障害がおこる。運動麻痺がおこれば、一人で更衣することや入浴すること、トイレに行くことも難しくなる。また、言語障害がおこると他人とコミュニケーションがとりづらくなり、引きこもってしまうことも考えられる。さらに、嚥下障害がおこると通常の食事ではむせるため、食事をとることがつらくなり、栄養失調となることや、誤嚥性肺炎などの合併症から命を落としてしまうことが考えられる。このような障害を持ちながらも、家族とともに患者がその人らしく生活ができるような援助を考え、さまざまな職種の人と連絡をとり、よりよい選択ができるように看護師は支援していく。

　Aさんには右半身麻痺と言語障害、嚥下障害が見られた。自宅へ帰ることを希望していたため、運動麻痺に関しては理学療法士や作業療法士とともに、生活動作（食事をする動作、排泄をする動作、歩行など）

がどれくらい維持できているか、あるいは家族から自宅の構造などを情報提供してもらい、自宅退院を目指したリハビリテーションの内容や方法の支援を進めた。また、病床では入浴や更衣、排泄の介助をしながらも、退院後の生活を見据えた方法でできるように働きかけをしていった。嚥下障害については、栄養士や家族とともに誤嚥しにくい食事の工夫や嚥下訓練などを行い、肺炎を起こさないように食事の支援を行っていた。

▶看護師だからこそ得る情報

退院後、運動麻痺や嚥下障害が残った場合、障害者手帳が交付され、65才以上であれば介護保険も適用されるため、福祉機器の貸し出しや医療費の公的負担を受けられる。それらサービスについては、ケアマネジャーが申請をするため、看護師の持つさまざまな情報をケアマネジャーに伝えていき、退院後の生活がスムーズに送れる準備をしていく。

Aさんの場合、右半身麻痺が残り、杖での歩行は可能となったが、階段昇降には介助が必要であった。トイレも一人でできるようにはなったが、洋式トイレでなければ行うことができない状況であった。自宅の居室は居酒屋の2階にあり、階段で上り下りをしなければならない。また、トイレも和式という状況であったため、本人、妻、主治医、担当看護師、ケアマネジャー、理学療法士等を交えた退院調整会議を何回か行った。店はたたみ、一階を居宅用に改造するということで話し合いが進み、自宅退院することができた。この時看護師は、入院中24時間患者の一番近くにいることで、医師や家族も知りえない患者の気持ちや患者の状況を情報として提供し、患者の療養生活全体を把握し、退院調整の中心となって退院調整会議を運営していった。看護師はチーム医療の情報管理の要となって情報提供・情報発信している。

▶これからの医療と看護と情報

看護師は単に医師から依頼された業務を行っているのではない。看護師は主体的に患者の情報を得て、患者を取りまくさまざまな人々に有益な情報を提供している。そして、患者の生活の質を保つことができる

ように情報を活用して、多職種の人と患者・家族を結ぶ潤滑材のような役割を果たしている。ここでは、病院における看護師の情報管理について概観していったが、在宅医療に焦点が当てられていくこれからの地域医療では、さらに情報管理の要としての看護師の役割が重視されていくであろう。

▶参考文献
NPO法人日本医療ソーシャルワーク研究会編、2016年度版医療福祉総合ガイドブック、医学書院、2016

林　美佐(はやし　みさ)…看護学部看護学科助教／専門分野：基礎看護学, 看護教育学

6. 孫から学ぶ認知症ケアの力

成松　玉委

「べっぴんさんやのう」　「おばあちゃんの方がべっぴんさんやん」
「あはは」　はずかしそうに笑う
かわいい　ひいおばあちゃん　　　　　　　　山田あかり（小学生）

何回あっても　「初めまして」　とおばあちゃん
ぼくも笑顔で　「初めまして」　と答えるよ　山本　琉斗（小学生）

「かなこ」「さわこ」「みゆ」「よしえ」「ななこ」
おじいちゃんに　いっぱい名前もらったね　　新田　亜優（中学生）

孫たちの言葉に見つけたケアの神髄
　認知症一行詩　「いつもおおきん」[1]

▶認知症の現状と課題

　2012年の世界保健機関（WHO）の報告書によると、世界の認知症有病数はおよそ3,560万人に上り、2050年までに3倍の1億1,540万人に増えると予測されている[2]。日本において、厚生労働省は、2025年には65歳以上の高齢者のうち約700万人、つまり約5人に1人が認知症になると推測している[3]。

　認知症とは、「脳の器質的病変によって記憶を中心とした知的機能が徐々に低下し、日常生活の遂行に不具合を生じた状態」と定義されている。その症状は、中核症状と心理・行動症状（Behavioral and Psychological Symptoms of Dementia、以下BPSDとする）がある。中核症状は、記憶障害、失語、失認、失行、遂行機能障害がある。

BPSDは、不安・焦燥、幻覚、妄想、うつ症状、睡眠覚醒リズム障害等がある。BPSDは、その人の性格や周囲の環境、人間関係などの要素が絡み合って生じる症状である。症状の表れ方はさまざまで、家族や介護者の深刻な悩みとなることが多い。在宅生活の継続が困難になる要因と指摘される一方、対応の仕方でBPSDが減少したことが確認されている。沖縄の佐敷村では、老年期認知症のある27人全員にBPSDが見られなかった。沖縄という土地柄で、老人が尊敬され、温かく看護され、精神的葛藤がないことがBPSDの出現を抑えているのではないかという説もある。[4]

　近年は、認知症の当事者が自らの気持ちを発言するようになり、本人や家族の意向を尊重する考え方が根づいてきている。さらに、英国ブラッドフォード大学認知症研究グループの、故Tom Kidwood教授は、「パーソン・センタード・ケア」を提唱し、認知症ケアを「一人の人として、周囲の人とかかわりをもち、周囲から受け入れられ、尊重され、本人もそれを実感している」と説明している。[5]「その人らしさ」を大切にし、認知症の人の生活の質を高めていくケアは現場に浸透してきているが、さまざまな課題も残されている。

　大人は、認知症者の言葉やしぐさを、やり過ごしたり、時には傷つけてしまうことがある。誇りを傷つけられた認知症者の気持ちのやり場を失って、惑いながら生きている姿は、「問題行動」と表現されている。今まで培ってきた生活の術を体から剥がれ落ちるように失っていくことに、混乱し、不安や恐怖を抱えながら生きているのである。

　認知症当事者と孫たちとの触れ合いは、世界とのつながりを失っていく恐怖のなかで、自分らしさを引き戻してくれる一瞬である。孫たちは、いつもと違う、わずかな変化を鋭く感じている。だが、かつては優しく、誇り高い、大好きだったおばあちゃんやおじいちゃんである。孫たちのしぐさは、人との触れ合いが自然にできる、柔軟性を教えてくれる。孫たちの温かい言葉は、高齢者との壁を作らない、ありのままを受け入れる心の広さを教えてくれる。人として、相手の気持ちを大切にし、尊敬しあうこと、互いに思いやり、寄り添い、信頼し合うことを教えてくれる。

これから年を重ねていく誰もが、認知症を恐れ、自分はそうなりたくないと悩むだろう。認知症になっても、孫や家族、友人とのなじみの人間関係に囲まれて安心した暮らしができることを願っている。

〈崖っぷちで懸命にバランスを保つ〉
認知症者は、崖っぷちに置かれた『やじろべえ』のように、残されている記憶と薄れていく記憶のはざまで、必死にバランスをとろうと闘っている。

▶参考文献

1）平成26年度福井県若狭町認知症一行詩　「いつもおおきん」
2）世界保健機関（WHO）
　　http://www.who.int/mediacentre/news/releases/2012/dementia_20120411/en/
3）厚生労働省
　　https://www.city.nerima.tokyo.jp/kusei/kaigi/koreisha/kaigohokenunei/dai5ki/6kaigounkyou　.files /shiryou9.pdf
4）大井　玄著：痴呆の哲学　光文堂　2004
5）Tom Kidwood著　高橋誠一訳：パーソン・センタード・ケア　筒井書房　2005

成松　玉委（なりまつ　たまい）…看護学部看護学科講師／専門分野：老年看護学

7. 地域包括ケア時代の　健康情報資源とネットワーク

髙栁　千賀子

▶あなたの健康の情報はどこにある?

　あなたには、風邪を引いたときに時に決まって受診する診療所や、歯が痛くなった時に決まって行く歯科医院などがあるだろうか。そこに行けば、幼い時から、自分が病気の時のことを知っている医師や看護師、歯科医師などがいる。そこにいる医療専門職者は、「ずいぶん大きくなったね。頑張っているね」とか、「去年に比べて、ずいぶん上手に歯磨きできるようになったね」などと、これまでの自分と今の自分を比べて、その変化を教えてくれたりする。このように、あなたの健康に関する情報は、あなたが住んでいる地域にある、さまざまな医療機関にストックされているのだ。健康情報は、血液検査の結果のように数値化される、レントゲン検査のように画像として保存される、または、診療記録には記載されないが、その時、診察した医師の記憶の中にある場合もあるだろう。健康に生きることを支援する医療専門職者は、時間の流れの中で、あなた個人の変遷をつぶさに記録し続けている。その健康に関する個人の歴史は、これからのあなたの健康を維持するための、重要な資源となる。

　他方、あなたの健康情報をストックしているのは、医療機関だけではない。街のいろいろな人々が、あなたの健康情報を持っていることがある。例えば、学習塾に通うあなたは、塾の隣にあるコンビニエンスストアで飲み物を買うことが習慣になっているとしよう。そのコンビニの店長は、あなた好みの飲物をよく知っている、ということになる。塾帰りの夜の遅い時間、あなたが帰宅時に通る交番のお巡りさん。何人かの友達と楽しそうに話しながら通るあなたや、一人で深刻な表情をして、とぼとぼと歩くあなたの様子を見て、あなたの心の健康状態を察知し、気にかけているかもしれない。「そういえば、あの子。最近は甘い飲み物ばかり選

んでいるな。栄養は偏っていないか気になるな」「あの子、暗い表情で思い詰めている様だ。学校や家庭の状況も気になるな」など、街のいろいろな人々が、いろいろな方向からあなたの健康に関する情報を察知し、ストックしていることになるのだ。人がその人らしく健康に生きるために必要な情報資源の多くは、医療機関の中のみならず、その人が暮らす街の人とのつながりの中に蓄えられていることが分かるだろう。医療専門職者や街の人々との「顔の見える関係性」こそが、その人がその街で健康に暮らすことの基盤となり、あなたが健康に生きることにつながっているのである。

▶地域包括ケアとは

　日本は、諸外国に例をみないスピードで高齢化が進行している。65歳以上の人口は既に3,000万人を超えており、2042年の約3,900万人でピークを迎え、その後も75歳以上の人口割合は増加し続けることが予想されている。このような今の時代の中で、高齢者が可能な限り住み慣れた地域で、自分らしい暮らしを人生の最期まで続けるために地域の人々が一体となって提供する支援を「地域包括ケア」と呼んでいる。

　この地域包括ケアは、高齢者が自分らしい暮らしを人生の最期まで続けることをめざし、市町村や都道府県がリードをとって、地域の特性に応じたシステムが作られている。地域包括ケアシステムは、おおむね30分以内に必要なサービスが提供される日常生活圏域（具体的には中学校区）を単位として想定され、多くの街で高齢者の介護予防や日常生活支援の総合事業が、さまざまな人々の連携によって行われている。

　ところで、健康で自分らしい暮らしを自分の住む町で続けることは、高齢者だけの願いだろうか。そうではなく、それは障がいのある人、子どもなどなど、そこに住む全ての人々の願いでもあるだろう。もともと高齢者を対象とした地域包括ケアは、多様な人々へのケア提供体制へと進化を遂げている。その進化を促す重要な要素が、街の人々の「顔の見える関係性」の中でストックされている健康情報なのだ。つまり、地域包括ケアが更なる未来に向けてねらうのは、高齢者のみならず街で暮らす全

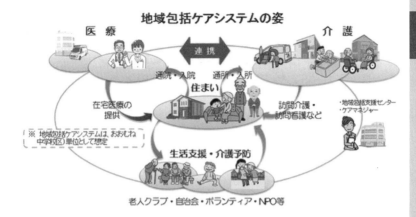

世代の人々の健康的な生活なのである。

▶未来に向けて…ネットワークを再構築する

団塊の世代の人々を看取ることが大きな課題となるであろう2040年に向けて、単身高齢者や低年金の高齢者の増加に伴う経済格差の拡大と貧困問題など、複雑な福祉的課題を抱えた高齢者世帯数の増大が予測されている。高齢者介護の分野では、身体的な自立に重点が置かれるケースが多いが、社会的な孤立も含め、地域で生活課題を抱える人々の問題は多様化している。一人一人が地域でつながる、顔なじみの関係の大切さを再認識し、それぞれが持つ情報を最大限、有効に、活発に生かす仕組みこそが、地域包括ケア時代の健康情報ネットワークであり、それを地域住民が主体となって創り上げることが求められている。

▶引用

富山県　厚生部　高齢福祉課
http://www.pref.toyama.jp/cms_sec/1211/kj00015785.html

髙柳　千賀子(たかやなぎ　ちかこ)…看護学部看護学科准教授／専門分野：老年看護学

第2章　次世代ケアとテレナーシング
1. 在宅医療を進化させる ビッグデータの活用

川口　孝泰・今井　哲郎

▶看護観察×情報

看護実践に求められる重要な行為の一つとして「観察」があげられる。観察とは、看護学事典（看護協会出版会）によると、「看護師の五感を通して、あるいは体温計・血圧計などの測定器具を通して行われ、ある特定の対象・事柄に対する意図的な情報収集のこと」と定義されている。観察は病気の状態や健康状態を判断するための極めて重要な営みであり、大げさに言えば看護師が行う観察情報の精度は、医療の質をも決定する重要事項である。

今日、看護師が行う観察情報は、どのように担保されているかといえば、看護師の経験知や実践知に依拠した情報収集となっているものが多い。つまり経験豊富で信頼できる看護師から伝達される観察情報が専門家同士に共有され、生死にかかわる意思決定に役立っている。

近年の急速な情報技術の進歩によって、人間の経験知の一部をコンピュータが担えるようになってきた。このような情報技術の進化は、今日の携帯電話や、インターネットの普及が、日常生活での必須アイテムとなっていることに代表される。これまで経験を積み重ねることによって得られてきた看護の観察技術の一部は、コンピュータの情報処理技術の進歩によって、新たな技術革新に向かい始めている。

▶情報科学×ビッグデータの活用

現在の情報技術の進化は、IoT・ビッグデータ・AIの三つのキーワードにより象徴される。IoT（Internet of Things；モノのインターネット）は、

センサー等のデバイスがインターネットにより通信を行う技術のことである。このような無線通信とデバイスの進化によって、通信機能つきの小さな観測センサーデバイスを配置できるようになり、多くの情報がインターネット経由で収集できるようになった。このような新たな情報技術の進化は、人間による観測より低コストとなり、日常生活のさまざまな事象が常時観測可能となり、それらの情報がビッグデータ（Big Data）として蓄積され利活用されるに至っている。

　ビッグデータ自体は、新しいものではない。人間はこれまでも、記録を紙媒体やマイクロフィルムなどで残し、整理をしてきた。しかし、それらはただためるだけのデータであり、世界中で分散的に管理・蓄積されたまま、一つの大きな固まりとして利活用することはなかった。しかし今日、この課題はインターネットの普及とそれに伴うデータの規格化によって克服され、各地の観測データを世界中で共有する仕組みが整い、単に蓄積されるだけであったビッグデータを利活用することが可能となっている。

　このようなビッグデータの観測・共有は、AI（Artificial Intelligence：人工知能）の発展をもたらした。現在のAI技術の核は機械学習である。機械学習とは、与えられたデータを元に知識やルールを導き出す技術のことであるが、機械学習がうまくはたらくためには、観測対象の状態を正しく表現できる程度の網羅的なデータを得ることが重要である。すなわちビッグデータこそが、AI技術の飛躍的発展をもたらす主要な要素なのである。

　今日では、従来人間が経験と勘に基づいて行っていた高度な情報処理の多くが、AIを利用して自動的に行えるようになりつつある。さらには人間では処理しきれないほどの巨大なビッグデータによって、これまで知り得なかった新たな知見が得られるようになってきている。かつて看護の観察手法に体温計や血圧計などの計測機器が加わってより正確な看護観察手法がひらかれたように、情報技術の進化は、さらに新たな看護観察手法を確実にもたらしていくのである。

▶在宅医療×ビッグデータ

　なぜ在宅医療の展開においてビッグデータの活用が有意義なのか。病院は非日常であり、在宅は日常である。情報技術は、その進化とともに日常生活の中に溶け込み、日常の中にこそビッグデータの源があり、その利活用が可能となっているのである。

　ビッグデータを効果的に活用していくためには、病気になってからのデータのみを集めても、疾病の予測や治療などに役立つビッグデータとしては機能しない。少なくとも、「病気になる前の健康時の情報」「病気になって治療を受けている際の情報」「治療後の回復期の情報」「健康回復した後の維持管理段階の情報」これら4時点の時系列情報がそろうことで、病気からの回避や健康寿命の延長に役立つデータとして成立することになる。そしてこれらのデータは、従来の病院中心の医療だけでは得ることができず、在宅医療における常時観測によって初めて得ることができる。

　東京情報大学看護学部遠隔看護実践研究センターでは、ビッグデータの構築と利活用を目指し、図に示す設計図に基づいた次世代訪問看護ステーションの設計を行い、地域での健康も含めた取り組みを進めている。

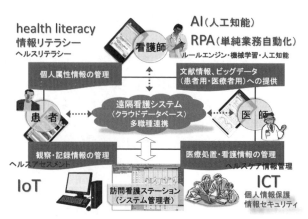

図　情報活用による次世代訪問看護の形

▶ [AI+〈当事者〉+専門家]の融合とヘルスケア

ちまたではAIやIoTなどの用語がかなり拡大解釈され、ロボット技術の進化によって、AIを搭載した人のようなロボットが未来の人間社会の脅威になるなどの世紀末のような話題に事欠かない。筆者らは、人類はそこまで愚かではないと思っている。

日本学術会議のロボット分科会の提言書として出されたテーマに「社会共創ロボティクス」という概念が使用されている。これも未来社会においてAIがロボットに搭載されるにあたって、人間との共創を強く意識した内容の提言となっている。

これからの在宅での医療やヘルスケアを展開していく際に最も重要なことは、人間の作り出した情報活用の主体は、当事者とそれを取り巻く人間が主役であること。そのうえで当事者と専門家との関係性の中でAIがどのように存在し機能していくかが重要なのである。

川口　孝泰(かわぐち　たかやす)…看護学部看護学科教授／専門分野：看護人間工学, 環境看護学, 福祉工学, リハビリテーション科学
今井　哲郎(いまい　てつお)…看護学部遠隔看護実践研究センター博士研究員／専門分野：情報科学, ネットワーク科学, 数値シミュレーション, データサイエンス

2. 看護技術における情報活用
～AI活用による予測的ケア方略～

大石　朋子

▶「食べる」ことの支援

人が生きていくために大事なことの一つに、「食べる」ことがある。年齢や健康障害の有無にかかわらず、「食べる」ことは、栄養を体に取り込み、生命を維持し、日常生活の原動力となる重要な営みである。

「食べる」行為は、食物を口に運び、歯で食物を粉砕し、舌で咽頭に送り込み、「ごっくん」と飲み込むという一連の動作を成長過程で学習していく。成長段階にある子どもなどは、遊びながら食べるという動作をすると、注意が向いていないために、「ごほっ」とむせてしまうことがある。この現象を「誤嚥」という。健康な人であっても、環境や状況によって誤嚥を起こすことはあるが、健康人は、誤嚥が原因で肺炎になることはほとんどない。

食物を口腔（口の中）に運び、「ごっくん」と飲み込むときには、飲み込

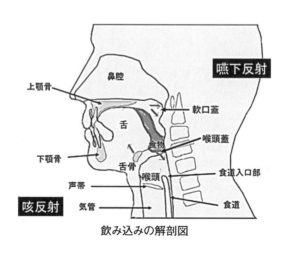

飲み込みの解剖図

んだ食物を誤嚥しないように無意識に喉頭蓋が気道に蓋をする仕組みを「嚥下反射」という。口腔に食物を取り込み、粉砕して歯と舌によって食塊（飲み込みやすい食べ物の塊）を作り、飲み込むと同時に、気道に食物が流れ込まないように「喉頭蓋」という蓋がされ、食塊は通過する。このどこかに支障がある状態を「摂食嚥下障害」という。看護は、この摂食嚥下にかかわる身体的機能の不具合に対して、機能改善のためのリハビリテーションや、嚥下機能を補う食事介助などによって、栄養を十分に摂取できるように手助けする専門的な役割を担っている。

▶口から「食べる」ことの重要性

ある摂食嚥下障害のある方のご家族から「母は元気なときに、本当に食べるのが大好きだったんです。脳梗塞をして、口から食べるのは難しいから、胃ろう（胃に直接、栄養を注入するためのチューブを刺し入れて固定する医療処置）を造りましょうと言われて、造ったのはいいんですけど、食べる訓練をしてくださりませんでした。お医者さんたちは、私たちとは違って、口から食べることを重要に思っていないように思いました」などの話を聞く。このことは、自分の口で食物を「食べる」ことは、単に栄養を取り込むだけではないことを表している。「食べる」ことには、おいしい、楽しい、うれしいなど「快」の感情がともなっていて、摂食嚥下機能に支障が生じてしまった場合には、本人やその家族の心理・社会的な面にも大きく影響を与えるといえる。

口から「食べる」ことは、心身ともに充実感が得られる半面、その機能が低下している場合には、誤嚥や窒息というデメリットが生じる。このデメリットは命に関わるため、医療者は口から「食べる」ことに対して消極的になることは珍しくない。このような消極的な判断に至る原因として、医療者の誤嚥性肺炎のリスク管理に関する知識不足、その発症予兆を捉えられていないことが考えられる。

看護職は、口から食べる営みを最大限に尊重し、単に生物学的生命維持として食べる援助ではなく、社会的存在としての人間の営みを重視した援助が求められる。摂食嚥下障害のあるご本人やそのご家族の

第2部　少子超高齢社会の課題に挑む　*243*

気持ちを尊重しながら、肺炎のリスク管理をしたうえで、ご本人やそのご家族の気持ちに寄り添い、根気強く、リハビリテーションを行っていくことが専門職としての役割であると考える。

▶情報活用による「食べる」ことの支援

看護師が行う「食べる」ことへの支援は、患者に寄り添いながらも安全であることが求められており、そのためには絶え間ない観察と患者の状態の正確で迅速な判断が鍵となる。情報技術を活用することで、それらの観察・判断を効果的に行うことが可能となる。

東京情報大学の遠隔看護実践研究センターでは、患者の指先に装着する端末などで生体情報を経時的にモニタリングすることで、肺炎の予兆を捉えるための研究を行っている。生体情報端末から得られる情報は、脈拍、血中酸素飽和度、血圧、睡眠、疲労、情動など、身体の生理的状況の変化や心理的状態の変化を経時的かつ瞬時に捉えられるという特徴がある。これらの生体情報と人工知能（Artificial Intelligence：AI）技術を活用し、肺炎の予兆となる誤嚥を検知して病状悪化を防ぐ看護を展開しようという試みである。具体的には、AI技術における学習機械に対し、生体情報データから誤嚥の発生確率を学習させ、次に誤嚥発生の頻度や時間的パターンなどの特徴から肺炎の発生確率を学習させる。こうして学習させた機械によって、未知の生体情報から肺炎の予兆となる誤嚥を捉えるという方法である。

この方法でモニタリングした情報をもとに肺炎の予兆を捉えられるようになれば、誤嚥を起こす前に予防対策としての看護援助を行うことが可能となる。また、肺炎を警戒するあまり「食べる」ことへの支援に消極的であった医療者が誤嚥の可能性を正しく判断できるようになり、支援が促進されることが見込まれる。

▶おわりに

医療の現場で起きている現象を情報技術の活用によって解明し捉えることは、正確な情報の収集と判断を補助するものとなり、医療者の効

果的な活動につながっていくことが期待できる。看護師には、看護に関わる情報技術開発とその積極的な活用を通して、今後はさらに医療における情報技術の発展に貢献していくことが求められる。

▶参考文献

川口孝泰, 東ますみ, 太田健一, 鵜山治. 指尖容積脈波のカオス解析による日周性疲労の評価—遠隔看護におけるバイタル情報の活用. 看護研究, 34(4), 291-298. 2001.

E. Minakuchi, E. Ohnishi, J. Ohnishi, S. Sakamoto, M. Hori, M. Motomura, J. Hoshino, K. Murakami, T. Kawaguchi. Evaluation of mental stress by physiological indices derived from finger plethysmography. Journal of Physiological Anthropology, 32:17, 2013.

大石　朋子(おおいし　ともこ)…看護学部看護学科講師／専門分野；基礎看護学、看護技術

3. 未来の看護に求められる情報リテラシー

豊増　佳子

▶情報に関わる看護師に必要な能力

　看護師は、看護の対象を身体的、心理・社会的側面から統合的に把握するため、患者の基本情報となる氏名や住所をはじめ、生活背景、既往歴、家族歴などの多岐にわたるケアにつなげるための情報を収集している。これらの情報は、対象を直接的に観察して得るだけではなく、その家族・友人、関連する専門職スタッフや同僚とのコミュニケーションによっても入手する。そして、このようにして得た情報は、「診療記録」や「看護記録」として整理・保存することで自身の専門技術のためだけではなく、多くの医療関連職の重要な情報源になる。これらの情報が他で利活用されることで看護師は情報の発信者にもなる。

　看護師は、対象に寄り添う最も近い存在として、関連職にとって必要な情報に効率よくアクセスして、入手した情報の真価や情報源の信頼性などを評価した上で、利用可能な情報源となるように整理する重要な役割を担っている。つまり、看護師には、情報を主体的に選択、収集、活用、編集、発信する能力である「情報リテラシー」が求められる。情報発信者となる看護師には、倫理的・法的にも適切に情報を扱う能力が必要になる。

▶情報化した未来社会で看護師に求められる能力

　超高齢社会や医療費高騰の中で、新しい視点での医療・看護の提供システムの構築が必要とされ、情報・通信の知識・技術を活用して実践する遠隔医療、遠隔看護・Telenursingの取り組みが進められている。情報通信機器を扱う遠隔看護の実践には、Nursing Science（看護科学）、Computer Science（コンピュータ科学）、Information Science

246　第2部　少子超高齢社会の課題に挑む

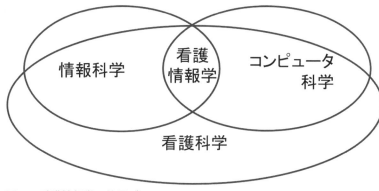

図1　看護情報学の位置づけ
(太田勝正,前田樹海編著「エッセンシャル 看護学 第2版」医歯薬出版発行　2014年 p.3　図1-1を一部改変)

(情報科学)の融合体であるNursing Informatics(看護情報学)の知識・技能が求められる(図1)。特に今後は、情報技術の急激な発展に伴って情報化された社会や医療環境の変化に対応しながら、医療や保健のニーズに応えられる人材育成がますます必要になる。

van Houwelingenらによる研究[1]では、遠隔看護の実践活動に必要な能力を明らかにしている。この研究では、基本的な観察スキルをはじめ、臨床上の経験と遠隔看護の技術を効果的に組み合わせて意思決定するスキル、健康・医療データを患者ケアに効果的に用いるスキル、計画立案のスキル、トリアージや臨床的推論のスキルを遠隔看護の実践に必要な能力としている。さらに、患者の健康データを継続収集する方法に関する知識、病気の情報源に対する患者の好みを見極める見識、インターネット上の健康に関わる情報の信頼性を見極める見識、複数のさまざまな要求に対する優先順位決定と迅速な対処スキルを挙げている。そして、インターネットやPCなど情報通信技術を用いる基本的ICTスキル、遠隔看護に関わる機器の機能をチェックするスキル、遠隔看護実践のための新しい技術領域・分野のスキル、電子化された健康データ活用スキル、使用する情報技術の問題発生時の対処方法の知識、患者が情報通信機器を使えるように指導するスキルを遠隔看護を実践す

るために必要な能力として示している。

　情報化が進む中で、未来の看護師には、常に先端情報技術に対応できるスキルを身につけることが重要となる。

▶情報化が進化した未来の看護教育

　情報化が進展した社会では、看護に限らず、さまざまな職種に要求されるスキルが変化してきている。情報を操作・活用するスキルが求められ、情報やテクノロジーに関するスキル教育に焦点を当てることが推奨され、文部科学省の中央教育審議会でも「情報リテラシー」を大学における各専攻分野を通じて培う学士力の汎用的技能としている。日本における看護師教育にはさまざまなコースがあるが、高等学校看護科では、2010年の高等学校学習指導要領改訂時に「看護情報処理」から「看護情報活用」へ科目名称の変更を行い、看護・医療分野における情報と情報手段を活用する能力育成の充実化を図っている。大学教育においては、2011年の文部科学省検討会による看護カリキュラム（教育内容）のモデルに「情報リテラシー」が含められた。2017年の日本学術会議による大学教育の質保証のための教育課程編成上の参照基準では、生涯専門職として研鑽（けんさん）を継続していく基本的能力において、医療技術だけでなく、ICT（Information and Communication Technology）、AI（Artificial Intelligence）及びロボット技術、ゲノム医療の進展・変化を素早くキャッチし、先進科学技術の健康問題への影響を見極めて適切な対処や導入を行い、その導入に伴う倫理的課題に対応することについて言及している。

　このように、情報化に伴う未来の看護教育の方向性は提示されてきている。しかし、先端情報技術の対応に必要な各種リテラシーを教育する具体的教育内容や方法については今後の検討が必要である。特に、看護師自身が先端情報技術に対応・対処できるだけでなく、患者など看護の対象が自ら先端情報技術を活用してセルフケアができるように支援する看護師のスキルを習得するための教育内容の検討や教育方法の開発が今後必要である。

情報化がさらに進展した未来には、想定以上の世界が生まれているかもしれない。変えるべきもの、変えてはならないものを見据えながら、情報化が進化した未来に活躍する看護師教育の展望と計画が今後も必要である。

▶参考文献

1) Cornelis T.M. van Houwelingen, Anna H.Moerman, Roelof G.A. Ettema, Helianthe S.M. Kort, Olle ten Cate. Competencies required for nursing telehealth activities：A Delphi-study. Nurse Education Today, 2016, 50-62.

豊増　佳子(とよます　けいこ)…看護学部看護学科講師／専門分野：看護教育，看護管理，看護情報

4. 生体情報処理の進化と 新たな観察技術の創出

伊藤　嘉章

　看護師は対象の健康状態を把握するための重要な情報として「バイタルサイン(生命徴候)」を観察する。バイタルサインとは、人が生きている兆候(サイン)を示すものであり、体温や血圧、脈拍、心電図や脳波などが代表的なものとしてあげられる。看護師は、対象の顔色や皮膚の状態を目で見ることで全体像を把握(視診)し、気になる部位においては、直接手で触れる(触診)ことで皮膚の張り具合や熱感の有無を確認する。また、対象の呼吸音や心臓の鼓動音を聴診器で確認(聴診)することで、さらに詳しく身体の内部の状態を観察する。近年では、さまざまな測定器を用いることで看護師はより多くのバイタルサインを観察することが可能となった。なかでも「電子体温計」「電子血圧計」などは、一般家庭にも広く普及している代表的なものである。

▶体温測定と生体情報処理

　体温は、人がウイルスに感染した場合、重要なバイタルサインのひとつとなる。体温測定には従来、水銀体温計が使われていたが、現在は電子体温計が主流となっている。電子体温計は、その先端部分(感熱部)に熱センサーが埋め込まれており、センサーが身体に触れて熱を検知する仕組みとなっている。この計測法では通常、感熱部が体温と等しくあたたまるまでに10分程度の時間を要する。そのため、正確に体温を測定するには10分程度の時間が必要である(実測式体温計)。日常生活でもっとも流通している市販品は、体温計内部に組み込まれたCPU(中央処理装置)が演算処理をすることで、10分後の予測測定値を20秒ほどで表示するものである(予測式体温計)。また、緊急を要する場合や小児などでの測定においては、さらに計測時間が短く、瞬時に体温

を正確に計測できる赤外線検出式耳式体温計が使用されている。

▶血圧測定と生体情報処理

　血圧とは、心臓から拍出された血液が血管を押し広げることで生じる圧力である。血圧は、心臓から拍出される血液の量や血管の弾力性、身体の中を流れる血液の総量などの影響を受けることから、対象の健康状態を把握する重要なバイタルサインである。血圧の測定法は、コロトコフ音方式とオシロメトリック方式、およびPulse Wave Transit Time法の３種類の測定法がある。

　コロトコフ法は、別名聴診法とも呼ばれ、カフと聴診器を組み合わせて、カフを締め付けた際に発生する血管音を聴診器から聞き取ることにより、最高血圧（収縮期血圧）と最低血圧（拡張期血圧）を測定する方法である。この方法は、健康状態の大まかな把握には簡便な方法である。しかし、この方法は周囲の雑音などによって測定値に誤差が生じやすいため、正確な計測値を導くためには熟練した技術が必要となる。

　オシロメトリック法は、四肢のいずれかにカフを巻き、カフを加圧した後、減圧していく過程の血管壁の振動を反映したカフ圧の変化を圧力センサーによって調べることで血圧を測定する方法である。現在では、一般家庭用においてもオシロメトリック方式が電子血圧計の主流となっており、健康管理機器として大きな役割を果たしている。

　Pulse Wave Transit Time法とは、心電図（ECG）センサーと血中酸素飽和度の測定に使用されるSpO_2センサーを使い、心臓の鼓動と脈波が指に伝わる時間からパルス伝搬速度を計測して算出する方法である。この方法は、体内の血液循環の状態が末端に到達する状態を観察することを利用し、診療や検査に使用する手法である。

▶指尖容積脈波による生体情報処理

　指尖容積脈波（脈波）は、Pulse Wave Transit Time法の測定手法によって得られる観察データである。その原理は、血液中の酸化ヘモグロビンと還元ヘモグロビンの光透過性の違いを活用して生体内で吸収さ

第２部　少子超高齢社会の課題に挑む　*251*

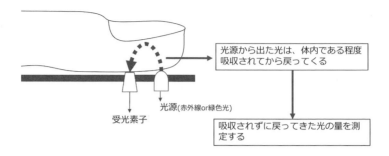

図1 脈波測定原理(反射型)

れずに戻ってきた光の量を計測することで、心臓の拍動に伴って変化する血流量(血管の容積変化)を連続的に測定する(反射型計測)方法(図1)である。脈波の測定は、指先に赤外線または緑色光を発光する測定器具を装着するだけで計測できることから、簡便かつ痛みを伴わない。脈波は測定器を装着している間は連続的に測定値を表示することが可能である。この簡便な測定方法によって得られた波形は、多くの生体情報を含んでいることから、バイタルサインの計測可能範囲を広げるための新たな手法として注目を浴びている。

その代表的な応用の一つとして血管年齢推定があげられる。血管年齢の推定で行われている脈波解析法は、脈波の時系列情報の波形特性から血管の柔らかさや硬さを中心とした機能的特性や、時系列上の生体変化によっておこる脈波波形の変化などをもとに推測するものである。このような情報技術進化によって得られる生体情報は、日常生活の中で簡便な計測によっても得られるため、健康維持管理計測法として大いに期待される。

伊藤　嘉章(いとう　よしあき)…看護学部看護学科助教／専門分野：看護学, 成人看護学, 看護情報学, 生体医工学

5. 情報を活用した訪問看護の これから
～初心者でも訪問看護の達人になれる?～

葛西 好美

▶訪問看護師とは

訪問看護とは、「保健師・助産師・看護師が訪問して看護すること」であり、「在宅や地域、その他施設等に出向いて行う看護の方法であり」、日本で制度として本格化したのは1992(平成4)年とごく最近である。訪問看護師は、療養者や家族の居宅に出向いて病気や障害の医療管理、療養環境の整備、家族の介護負担の軽減などを行う。

▶看護の初心者と熟練者との違いは何か

私が訪問看護師として働く中で出会った先輩の訪問看護師に、一瞬にして患者さんやご家族の望みを察し、質の高い看護ケアができる熟練看護師がいた。熟練看護師は、患者の状況を直感的に理解できる[1]。実際、初心者でも達人でも行う看護の内容は同じであるが、看護師として熟練すればするほど、患者さんの状況から得る情報を判断する能力、つまり情報の質が初心者と異なる。

次の事例では、初心者の看護師Aと熟練の看護師Bの違いを紹介する。

看護大学を卒業したばかりの新卒看護師Aは、熟練看護師Bと一緒に患者Cの自宅へ定期訪問をしました。患者Cは胃がん手術後に再発し、在宅療養中でした。

看護師Aが患者Cの体調を観察し血圧を測ったところ、80/50mmHgといつもより低い値でした。看護師Aは、「あれ、おかしいな。いつも100/70mmHgくらいなのに…。そういえば、脈と呼吸が

速くてウトウトされている」と感じました。看護師Bはすぐに奥さんのもとに行き、「奥さん、Cさんはいつからこんな様子でした?」と話を切り出しました。患者Cの奥さんは、「今朝からこんな感じで寝ているんですよ。息苦しそうだから、辛いのか聞いても首を横に振るからそっとしていました」と話していました。看護師Bは「そうですか。奥さん、患者Cさんはそろそろお迎えが近いかもしれません。ご家族でお会いになりたい方がいましたら会われた方が良いと思います。これから眠っている時間が長くなってそのまま息を引き取ることもあります。こちらからは息苦しそうに見えますが、ご本人は意識が遠のいてきているのでお辛くないのだと思います。もし、ご本人が「痛い」とか「辛い」と言われたら、主治医から処方されているお薬を使ってください。ご家族は本人のそばにいてゆっくり過ごしてくださいね。あと、何かあれば連絡ください」と話していました。

　看護師Aは奥さんと同じように驚き、ただ看護師Bの話を聞いていました。そして、看護師Aは「昨日まではCさんと話ができたのに…。奥さんが不安にならないように、これからの過ごし方まで伝えないといけないのか」と思いました。その翌日、患者Cは家族に見守られ安らかに永眠されました。

　一般的に末期の身体の状態は、血圧が低下して意識が遠くなり、肩が上下したり下あごが開いたりする努力様の呼吸が出現する。看護師Bは、患者Cの状態が末期であることを一瞬で察知し、奥さんが不安にならないよう声をかけていた。看護師Aと看護師Bとの違いは、今までに他人を看取った経験の有無だけでなく、人が死に至るプロセスや家族が抱く不安の意味、看護師が本来行うことの理解の程度である。熟練看護師になると多くの情報を収集して状況を瞬時に判断し、今までの経験と結び付けて看護ができるようになる。

　通常、訪問看護師は患者さんの居宅に1人で訪問することが多いが、今の看護師Aが1人で訪問看護をするのは難しいようにも思える。はたして、新卒看護師は、訪問看護の現場で働くことができるのだろうか?

254　第2部　少子超高齢社会の課題に挑む

▶新卒看護師は訪問看護師として働くことはできるのか

　初心者である新卒看護師は熟練看護師にはない長所がある。それは新しいことを学び、看護師として成長できる伸びしろである。また、新卒であるからこそ意欲もあり、素直で謙虚な姿勢でいることができる。それにより、患者さんから多くのことを教えてもらい、患者さんの目線で看護を行うことができる。新卒看護師にしかできない看護があるため、訪問看護業界での新卒看護師の存在は重要な存在である。新卒看護師が自立して訪問看護をするには、初心者のうちに熟練看護師の技をたくさん見て学ぶことが重要である。また、将来的には情報技術の活用も有効であると考えられる。

▶情報を活用してどのように訪問看護が展開できるのか

　熟練看護師は、職人の技のような自分の技術を持っていることが多く、患者さんやご家族と自然に打ち解け、最期まで彼らの望む生活を支援している。その熟練看護師から生まれた知識や技術を蓄積し、その時その時の患者さんの病気や状態に関する情報をインプットすると、自動的に判断して看護上の問題解決のための知識や技術を教えてくれるシステムによって、たとえ初心者でもおおよそのことは解決できるかもしれない。しかし、看護は経験により培われた知識や技術だけでなく感性も求められるため、皆が熟練看護師になれるわけではない。また、看護や医療の現場は複雑で常に進歩しており、患者さんの状態も常に変化しているため予測不可能なことも起こり得る。そのため、あらゆる場合に対応できるよう多くの達人の技をビッグデータとして蓄積し利用できるようにする必要がある。

　今後、看護学の研究では熟練看護師の判断内容を明らかにし、情報学でその内容を蓄積し利用できるシステムの開発が期待される。情報の活用は、看護をよりよいものに変えることができる可能性を秘めており、情報をうまく活用できれば、看護現場で起こるさまざまな問題の解決が可能となる。そして、いつでもどこでも熟練看護師の訪問看護を受けることができ、病気や障害をもつ患者さんやご家族が住み慣れた家で最期

まで安心して過ごせる社会をつくり出していけるだろう。

▶参考文献

Dパトリシア・ベナー；井部俊子訳：ベナー看護論新訳版,医学書院,2005

葛西　好美（かさい　よしみ）…看護学部看護学科准教授／専門分野：訪問看護，在宅看護

6. 保健師活動における 情報活用の未来

吉岡　洋治

▶保健師活動とはどのようなことをしているのか?

　保健師とはどのような職種か、そしてどのような活動を行っているのか。以前、学生に調査したところ、約6割の学生が、保健師のことを知らないと回答した。一般的に、保健師の認知度は看護職の中でも低く、また、その保健師の活動については、多くの人は、一度は必ず保健師と会っているのだけれど(乳幼児健診など)、実情はあまりよく知られていない。

　保健師は、保健師助産師看護師法の第2条に、「厚生労働大臣の免許を受けて、保健指導に従事することを業とする者をいう」と定義されている。保健師は、人々の健康を守り、健康維持増進のために支援活動を行う専門職である。平成26年度末現在、全国で保健師として就業している人は、約4万8,000人いる。そのうちの約7割強が、公的な機関である保健所、市町村に勤務し、地域保健行政に従事している。その他に、産業保健師として企業で働く人々及びその家族の健康管理等を行っている。

　現代のわが国の主な健康課題は、生活習慣病、がん対策、自殺、虐待防止対策そして介護問題、さらに新たな感染症対策等々である。保健師はその健康課題を解決するためにさまざまな活動を展開している。保健師活動の方法は、健康相談、保健指導、家庭訪問、健康診査、健康教育、地域の健康なまちづくりのための組織支援活動などである。保健師はそのような方法を通して、地域の人々の健康を支援している。しかし、保健師が従事している保健所及び市町村は、多くの健康情報が集まる健康情報ステーションであるのに、その情報が地域住民の健康

のために十分に活用されていない。今日のAIの進化など高度情報化における情報の活用を保健師活動に活かすことにより、より効率的、効果的な保健指導が可能になり、未来の保健師活動が大きく変化、進展するものと考えられる。

▶情報活用した保健師活動の未来

（1）地域診断等における情報活用の未来

　保健師活動をわかりやすく述べると、地域を「みる」「つなぐ」そして「動かす」ことである。行政保健師の対象である地域を科学的かつ総合的に「みる」こと、すなわち地域診断し、地域の健康課題を抽出することが活動の基本となる。これまで、保健師は、日頃の保健事業を通して、住民の声やその事業報告資料そして地区踏査などから、対象地域の地域診断をして、地域の健康課題を抽出してきた。未来の地域診断方法は、情報技術を活用し、新たな地域診断ソフト等を開発し、科学的な診断を行うことになるのではないだろうか。即ち、行政資料データ、地域住民の健康に関するデータ、地域の自然資源及び社会資源データと保健事業を通して得た地域住民の声を含む事業データ等を対象地域の基本情報アセスメント項目とし、データを入力すると、すぐに現在の地域の健康課題が抽出され、より客観的、効率的な地域診断が可能となっているだろう。さらに抽出された健康課題を緊急性、重大性、住民の要求度などいくつかの項目により優先順位を決めることも情報システムの開発により行うことができると考えられる。保健師活動の未来は、地域診断過程の情報システム開発により、効率化が図られ、地域の健康課題に対応する保健師活動を一層促進させるものとなっていると考えられる。

（2）保健師活動技術・技法の情報活用の未来

　次に地域を「つなぐ」「動かす」という保健師活動技法がある。「つなぐ」は人と人、人と資源をつなぎ、地域の人々に適切なサービスが受けられるようにすること、そして「動かす」とは、地域の人々が健康上好

ましい行動変容を行い、そして地域全体の健康水準が向上するように保健師が活動することである。保健師が行う活動技法は、個人に対しては、家庭訪問、健康相談そして健康診断における保健指導、集団に対しては、健康教育、地域組織活動である。その活動技法に情報技術を活用すると活動内容は大きく変化する。未来の保健師活動の姿を予想してみる。

はじめに、家庭訪問は、主に母子保健法に基づき、妊産婦、新生児、乳児の家庭を訪問し、発育、発達、健康状態を把握することである。現在は、訪問用かばんの中に、血圧計、身長体重計等など入れて訪問しているが、情報活用した未来は、タブレットを持ち、市の保健センターと連動して発達状況、健康情報を経時的にチェックして保健指導を行っているだろう。訪問時に健康情報が入ったタブレットなどの情報機器を常に携帯することによって、訪問対象者の状況に応じて、医療機関等への連絡、連携がよりスムーズに展開できる。次に、健康相談と健診時の保健指導については、遠隔健康相談、遠隔保健指導が一般的に行われているのではないだろうか。対象となる住民に日々の健康情報を入力してもらい、クラウド等に登録、保健師が情報機器等を活用し、登録されたデータを基に保健指導を行う。このことにより継続的、効率的な保健指導が可能となる。現在、特定健診の受診率は市町村では40%未満と低く、さらに、何らかの指導が必要な積極的保健指導の対象者の受診率は、かなり低い。来所できない対象者に対して遠隔保健指導を行うことにより受診率の向上が期待される。そして集団を対象とする健康教育のあり方も、ICTを活用して大きく変化していると考えられる。情報機器を使用して健康教育を実施すれば、地域のどのようなところへも健康に関する話を行うことができる。例えば、母子の育児グループ、学校、会社、老人クラブ等、グループの集まりの場所に直接行けなくても、遠隔操作で、双方向の健康教育を行えるだろう。

現在、住民の健康情報については、保健所及び市町村では、母子、成人、高齢者のライフステージ別と、難病、精神疾患、がん患者及び結核などの感染症等の疾病対象別に情報を管理している。この地域住

民の健康に関する情報を、各個人別に健康情報を一元化して管理すれば、すべての地域住民の健康ニーズに基づき、的確かつ直ちに、そしてより効率的、効果的な保健師活動を行うことができる。情報セキリティーを完全にした、地域住民の個人健康情報と地域健康情報の一元化が進んでいなければならない。情報を活用した未来の保健師の姿は、タブレットを持ち、地域住民及び医療機関や関係機関とすぐに連絡し、さっそうと住民への健康支援活動を展開しているに違いない。

吉岡　洋治(よしおか　ようじ)…看護学部看護学科教授／専門分野：公衆衛生看護学分野

第3章　当事者主体の情報管理

1. 苦情の活用が創り出す成熟社会

加納　佳代子

▶インターネットの普及と医療情報の入手

インターネットの普及は医療に関する情報の入手方法を変えた。これまでの医療では、医師をはじめとする医療サービス提供者が医学的知識や医療サービス関連情報を圧倒的有利に得やすく、受け手である患者・家族はこれら専門情報の入手は困難であった。しかし今日、情報通信機器やインターネットの普及により、医学的知識や医療等サービス情報は、誰もが簡単に手に入るようになった。公的サービス機関や医療機関はサービス内容を情報公開し、専門職団体や学会等は専門職だけでなく広く国民に最新の情報を届け、当事者団体等も患者自身の声を伝えようとしている。

このように医療に関する情報があふれ、簡単に入手できることは利便性のみならず、新たな課題も生みだしている。患者・家族はインターネットを通して得た情報の信ぴょう性・信頼性を判断できるか、当事者にとって必要な情報を選択できるかという課題である。地域で暮らす一人一人の住民は、膨大な健康情報から、情報に振り回されずに、自分の人生にとって何を選ぶべきか、何を捨てるべきか意思決定していかなくてはならない。

▶「苦情」の活用がつくりだす変化

一方、医師・看護師等の医療者は、自ら研鑽することで専門的知識を得、医療サービスに反映させていくだけでなく、「苦情」という形で得られる情報を活用して、医療サービスの質を向上させていく。患者・家族

が伝えてくる情報は、重要な医療情報として蓄積されて、医学や看護学の発展につながるが、「苦情」もまた形を変えた重要な医療情報である。

「苦情」は、医療サービスを改善する重要な情報であり、医療サービスの提供側にとってはシステムを検討し、医療サービスの質の向上を図り、医療者の対応スキルを磨いていく重要な経験となり、専門職業人としての成長へとつながる。さらには医療への期待を「苦情」という形で表現した患者・家族が自律していく機会ともなる。医療が一方的に提供するサービスではなく、患者・家族とともに創り上げるサービスとして発展していくための契機となるのが「苦情」である。

「苦情」という形の情報発信を活用することで何が変化していくのかその可能性を図に示した。

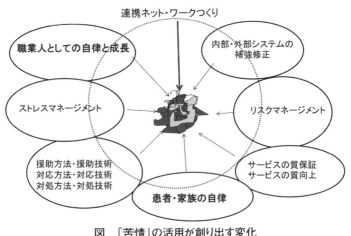

図　「苦情」の活用が創り出す変化

▶「苦情」という情報提供が示すことは何か

苦情は、「つらい事情（grievance）、他から受けた害や迷惑に関する不平不満（complaint）」であり、患者・家族にとっては、「不満な気持ちを理解してほしい」「困った事態を何とかしてほしい」「現在の状態よ

り改善してほしい」という医療に対する期待の表現でもある。一つの医療訴訟のもとには、29の苦情があり、300の日常の患者の不満がある（ハインリッヒの法則）といわれることからも、苦情という情報提供の分析が医療事故を未然に防ぐことにつながり、医療者には未だ伝えていない患者の不満や期待を推測することができる。

「申し立てをしなかった顧客の再購入率は9％だが、申し立てを行った顧客の中で、その解決が迅速であり満足につながった場合は、再購入率が82％である」というグッドマンの法則から考えても、苦情の活用は組織にとって画期的な役割を果たす。苦情を伝えて医療を変えていきたいと願う患者・家族の期待と、それに応えようとする医療者の姿勢は、医療の主体が当事者であることを踏まえて互いに変化していくことで、新しい医療の形が創り出されていく。

苦情がないような医療サービスを心掛けるのは当然であるが、苦情を活用することで何を変化させていくのかを問うことは、医療者サービスの担い手と受け手が互いに自律していく成熟社会を創り出していくことにつながる。

加納　佳代子（かのう　かよこ）…特命副学長（看護学部担当）／専門分野：看護管理学，看護教育学，精神看護学

2. 当事者にとっての 情報管理とは?

岸田　るみ

　医療現場において、患者となった当事者は、自分の病状や治療、その後の回復などについての医師が伝えた情報を、どれくらい理解しているだろうか。自分の健康情報を自分で管理しているだろうか。医療の中で、インフォームドコンセント(説明と同意)は当たり前になってきたとはいえ、「説明」は医師から、「同意」は患者からと、一方的な情報提供に終わっていないだろうか。30年前の事例と現在の事例を通して考えてみることとする。

●30年前の一事例

　Aさんは49歳。妻と自営業を営んでいました。胃が痛むようになったAさんが病院で検査を受けると、医師はAさんに「胃潰瘍です。すぐに手術しましょう」と伝えました。がんではないか不安だったAさんは、「胃潰瘍なら手術で治る。先生が言うのだから間違いない」と、医師に言われるままに手術を受けることにしました。しかし、医師は妻を別室に呼び、「本当の病名は胃がんで、進行しており、手術しても再発する可能性が高い」と伝えました。妻には死の宣告のように聞こえました。「夫ががんだと知ったら苦しむだろう、がんだと悟られてはいけない」と思い、「先生だけが頼りです。お願いします」と答えることしかできませんでした。

　術後、医師はAさんに「手術はうまくいきました。今後は胃潰瘍の薬で再発を防ぎましょう」と伝えました。一方妻には、「目に見えるがんは全て切除したので、今後は抗がん剤で様子をみましょう」と伝えました。1カ月後に退院したAさん。痛みはなくなったものの、食欲も体力

も回復せず仕事もできません。「手術は成功したのに、胃潰瘍なのに、こんなはずはない。がんではないのか‥」不安なAさんは「なぜよくならないのか」と医師に聞きましたが、医師は「薬で様子をみましょう」と答えるだけでした。

　1年後、腹部に激痛が起こるようになったAさんは再度入院しました。衰弱し歩くのがやっとでした。医師はAさんに「胃潰瘍が再発しているのでもう一度手術しましょう」と伝えました。Aさんは、何も言わずかすかにうなずきました。医師は、妻には「がんの再発です。もう一度手術しますが、もしがんが広がり手を付けられない場合はそのまま閉じます」と伝えました。妻は再発という言葉に涙があふれるばかりで、医師の言う通りにするしかないのだと思いました。

　手術は30分で終わり、医師は妻に「手を付けられずそのまま閉じた。余命3カ月」と告げました。病室の時計は3時間進められ、Aさんには、「手術は3時間かかり悪いところは取った」と告げられました。妻は、嘘をつくことへの罪悪感に苛まれても、「余命3カ月だと悟られてはいけない、言わないことが夫のためなのだ」と自分にいい聞かせました。鎮痛剤も効果なく、絶え間ない激痛に耐えるAさんは、日に日に口数が減り、医師や看護師に何も言わなくなりました。「夫は事実を知りたいのではないか」と妻は思いましたが、誰にも言えませんでした。こうして再手術から3カ月後、Aさんは、医師、看護師、妻のいる病室で、「みんな嘘をついている。おれを騙している。もう終わりにしてくれ」といい、数日後に亡くなりました。

●現在の一事例

　90歳のBさんは精密検査を受け肝臓がんと診断されました。医師はBさんと60歳の長女に、画像を見せながら「ここに1cm大のがんが一つあります。一般的には手術となりますが、90歳と高齢なので手術はできません。他の治療も難しい。このまま治療しないと余命は2年かな…」と告げました。Bさんは厳しい表情でじっと考え込んでいました

が、「先生、治せる方法はないのかねえ‥先生は歳のことを言うけれど、私はこんなに元気だから手術を受けたいんだ」といいました。医師は、「元気でも、90歳という年齢は合併症の危険が高い。私は手術を勧めません」と答えました。しかし、医師はBさんの「治るために治療を受けたい」という気持ちを理解し、「手術以外の治療を検討してみましょう」と答えました。医師は専門医に相談し、Bさんに二つの治療法を提案しました。Bさんと長女と医師は、治療法を比較検討し、Bさんの希望に合う重粒子線治療を三者の合意で選択しました。Bさんは治療を受け、がんは消失し合併症もみられませんでした。

　4年後、がんが再発していることが分かりました。医師はBさんと長女に画像を示し、「これががんです。もう治療は‥」と言葉を濁しました。画像には、3〜4cm大のがんが多数できており、治療は不可能なのだとBさんも長女も理解しました。Bさんは「入院や延命治療はせず今のまま自宅で過ごしたい」と医師に伝え、同居している長女も同意の上で在宅診療をしている医師を紹介してもらいました。

　それからの半年間、在宅医やケアマネージャー、訪問看護師と相談しながら、Bさんは自宅で家族との生活を続けることができました。Bさんは最後に「ありがとう、爺が死んでしまっても悲しまないでね。いつもみんなのそばにいるよ」と家族にいい残し亡くなりました。

　二つの事例を読んで、皆さんはどう感じ考えただろうか。

　30年前の医療では、Aさんのように、患者が医師からの一方的な情報提供に従うことは当たり前で、それが患者にとって最善だと考えられていた。患者の健康情報は、医師により管理されていた。

　では現在はどうか。個人の尊厳や自己決定権が医療の根幹と考えられ、インフォームドコンセントが定着したが、形式的な「説明と同意」では過去の医療と変わらない。重要なのは、Bさんのように、医師の情報提供に対し、患者が自分の意思を伝え、対等な立場で話し合い、互いを理解することである。この情報交換が、患者が望む治療や生き方を意思決定するための鍵となり、患者自らの情報管理を可能にする。重大な

病気と診断され、すぐにも治療を迫られる事態に直面した患者が、情報を理解し決断することは非常に困難であり不安も大きい。このときにこそ、看護師の果たす役割がある。患者の思いや価値観を十分に聴き、必要な情報を的確に提供し、患者と共に考え自律を支えていくことである。

岸田　るみ(きしだ　るみ)…看護学部看護学科助教／専門分野：地域看護学

3．災害時の避難所生活が及ぼす危機
～情報処理能力の乏しい統合失調症に病む当事者とその家族の苦悩～

藤井　博英

▶1．統合失調症を抱える被災家族の避難生活

　東日本大震災では地震の後の大きな津波により、統合失調症に病む当事者の家屋や薬物も流され甚大な被害となった。いつも通院している道路は寸断し、頼みの病院も被災し、内服薬の確保もままならず、被災者は避難所生活を強いられた。避難所生活は、①プライバシーがなく、②狭く、③声や音が何とも耳につく落ち着かないストレッサーのある環境下にあった。家族は当事者を抱え、避難所生活で住民の偏見・差別にさらされる生活が続き居場所がなくなった。被災直後から対人トラブルを予測した家族は、周りに気を遣い、初めから避難所へ行かず車中泊をしていた。避難所では当事者の病気のことを知る知り合いから、「孫に何かあったら困るから避難所から出て行ってくれ」と面と向かって言われた家族もあった。行き場所を失った家族は、心労で体調を壊してしまい、避難所に当事者を残して入院したケースもあった。このような緊急事態にもかかわらず、家族は当事者を抱える後ろめたさから、身内やボランティアにまで気を遣い孤立していった。

▶当事者の情報処理能力の乏しさから混乱する避難生活

　当事者は、神経が過敏になり情報を取捨選択するフィルターに破れ目が生じ、大量の情報が飛び込んで、その情報を処理しきれない。当事者は、「みんなの声が雑音のようになって聞き取れない」「話についていけない」「自分の周囲が不気味に感じる」「頭の中が騒がしい」などの感覚が起こり、強い不安を感じ混乱する。さらに、周囲からの大量の

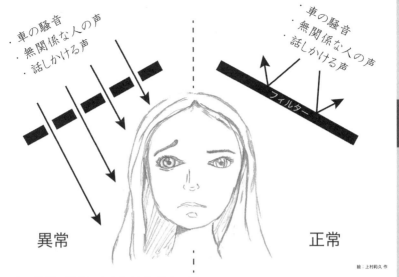

図　神経の状態による音の聞こえ方の違い
※イラスト作成：上村莉久（東京情報大学看護学部看護学科）

情報に反応して、「誰かに見られているような気がする」「誰かに心が読まれているような気がする」「あの人は自分のことを話しているような気がする」「あのしぐさは何かのサインのような気がする」と思い込み、妄想へと発展する。避難所から仮設住宅に入れても、当事者は環境の変化に対応できず、常に怒りが込み上げてきて隣人とすぐ口論となり、警察沙汰になったこともあった。ノイローゼがひどくなり措置入院が必要でも、家族の説得は聞かず、ますます地域生活が困難になっていった。

▶精神障がい者を抱える被災家族の避難生活への対策

　大規模災害に伴う被災者の避難所生活には、優先的に精神障がい者の落ち着ける生活空間の確保が必要である。そして当事者を抱える家族には、①高齢化で持病があり、②環境変化で体調を壊したり、③また仕事ができないため収入の確保が難しく経済的困窮もあった。避難生活は、当事者だけでなく家族のサポートも必要である。しかし同じ地

区の住民は、偏見やスティグマにより他の住民が温泉に連れて行ってもらったのに、障がい者家族のところには案内もないこともあった。また避難先であるグループホームで、責任者は被災していないのに温かい炊き出しを食べ、当事者・家族には炊き出しの残り物や冷たい野菜やパンを提供し、その上高額な食事代を請求していた。揚げ句の果てに当事者や家族は、急激にやせ衰えたことにより、医師からは栄養失調として「きちんと栄養を取りなさい」と指導され、かえって行き詰まった者もあった。地域住民は、精神障がいについて正しい知識をもち理解に努めなければならないだろう。

　次の災害が起きた時の対策として、地域住民や自治体職員、医療・介護従事者など、障がい者を支える人たちが、家族の大変さを理解し、支える仕組みを構築しておかなければならない。第一に居場所の確保（情報処理能力に見合うような環境の提供）は最優先である。福祉避難所設置・案内、早期からの精神科デイケアや作業所の再開、訪問看護や他職種で行うアウトリーチなど優先的に進めることが重要であろう。次に家族は患者のことを知られたくないという思いがあり、他者と壁を作ってしまうことを踏まえ、日ごろから顔の見える関係を築いておくことがスムーズな介入につながると考える。個人情報保護の問題はあるが、困りごとは世帯ごとに異なるため、日ごろからつながりを持ち、きめ細かい対応をしていく必要がある。将来、障がい者も家族も生きやすい社会にしていかなければならない。

藤井　博英（ふじい　ひろひで）… **看護学部看護学科教授／専門分野：精神看護学**

4. 在宅療養児と家族をつなぐ 「情報活用資源」

西村　あをい

▶世界一の新生児救命率

　周産期及び新生児医療の進歩によって我が国の新生児・乳児死亡率は急速に減少し、今や世界一の救命率となった(日本の生後4週間未満の新生児死亡率：0.9人=1,000人当たり)。また、かつては救命困難であった早産(在胎37週未満の出生児)や低出生体重児(出生体重が2,500g未満の新生児)、重症心身障害児の生存も可能になっている。

▶地域で暮らす医療的ケア児の増加

　しかし、新生児・乳児の救命と治療に努力して来た小児医療は、予想もしなかった問題に直面するようになった。それは医療機器や医療的ケアに依存して生きる子どもの急激な増加である。この問題が明るみになったのは2008年に生じた「NICU満床問題」（注1）で、満床の原因となった人工呼吸器管理が必要なNICU長期入院児の存在に社会の関心が初めて向けられるようになった。これ以降、わが国ではNICU長期入院児の減少を目的として、小児在宅医療の普及と長期入院児の在宅移行が推進されるようになった。その結果、人工呼吸管理が必要なNICU長期入院児は減少したが、人工呼吸器を装着したまま自宅に退院する子どもが年々増加している。2015年に厚生労働省研究班が実施した調査では、人工呼吸器や喀痰吸引などの医療的ケアを必要とする子どもの数は全国で1万7,000人程度と報告されている。

▶NICUを退院する子どもと家族の現状

　NICUに長期入院している子どもの退院時期は、病気や障害の程度、病状の安定、そして家族の受け入れ状況等によって異なる。子どもの

第2部　少子超高齢社会の課題に挑む　271

退院（＝在宅移行）の予定が決まると、家族はわが子をようやく自宅に連れて帰れる喜びを感じる一方で、「病状が不安定な子どもを家族だけで本当に育てられるのか」、「子どもの医療的ケアの支援を誰に頼めば良いのか」、「きょうだいの育児や家事をサポートしてもらう制度はないのか」「在宅療養に必要な経費はどのくらいなのか」など、在宅療養に関するさまざまな不安にさいなまれるようになる。つまり、医療的ケアを抱えながらのNICUからの退院は、子どもと家族に大きな精神的・肉体的・経済的負担を生むこととなる。

▶在宅療養児と家族をつなぐ情報活用資源と多職種連携

　NICUから退院する子どもと家族が感じる負担感を減らし地域で安心して暮らしていくためには、彼らを支援するための社会資源情報の活用とそれをつなぐ多職種連携が必要になる。在宅療養を支える職種は、医師（病院担当医師・訪問医師・訪問歯科医師）や看護師、薬剤師などの医療職、地域の保健師や助産師などの保健職、ヘルパーやソーシャルワーカーなどの福祉職、保育・教育関係者など、多岐にわたる（表１）。

　しかし子どもの在宅療養では、これを支える仕組みやサービス内容が未整備であり、各職種をつなぐ調整役の介護支援専門員（ケアマネジャー）も存在しない。また多職種連携に必要な人材確保も十分ではないため、NICUから退院した後に、在宅療養に関する具体的な相談を誰にしたらよいのかわからず困っている家族は多い。さらに子どもの居住地域によっては社会資源の種類やサービス内容も異なるため、NICU退院時に病院から提供された情報が活用できない場合もある。

　最近では、障害者総合支援法における相談支援専門員が小児在宅医療のコーディネーター役として位置づけられるようになってきた。今後は医療依存度の高い子どもの在宅支援において、相談支援専門員がその役割を十分に果たせるように地域の医療職がバックアップしていくことが望まれる。

注１）NICU満床問題

　2008年、東京都内で生じた妊婦の搬送問題。この問題は脳内出血

を来した妊婦が計8施設で受け入れを断られ、一度は断ったが最終的に受け入れた都立墨東病院で分娩後に死亡した。「受け入れ困難」の理由としては、NICU（Neonatal Intensive Care Unit：新生児集中治療病室）、MFICU（Maternal-Fetal Intensive Care Unit：母体胎児集中治療病室）、個室病床のいずれもが「満床」であった。

表1　在宅療養児と家族を支える代表的な社会資源

分類	機関名	専門職種	役割
医療	・病院	医師	・NICU退院後は、外来を通じて子どもへの診療、投薬、処置を行う。
	・小児科診療所 ・訪問歯科診療所	訪問医師 歯科医師	・自宅に出向き、かかりつけ医として子どもの全身管理を行う。
	・訪問看護ステーション	看護師、理学療法士、作業療法士、言語療法士	・自宅に出向き、子どもの体調管理や育児の相談支援を行う。
	・訪問薬局	薬剤師	・自宅に処方薬を届け、服薬指導を行う。
保健	保健所 市町村障害福祉担当課 市町村母子保健担当課	保健師、栄養士 行政職員	・小児慢性特定疾患等の療育や在宅療養に必要なサービスの相談や調整を行う。
福祉療育	相談支援事業所	相談支援専門員	・ヘルパー派遣を含めて地域での福祉サービスの相談を行う。
	児童発達支援センター	看護師、保育士、言語聴覚士、機能訓練士	・未就学児の発達支援を、各専門職が行う。
	短期入所事業	看護師、福祉相談員	・家庭の事情により、在宅療養児を数日間預かる。
	居宅介護事業所	介護福祉士、ヘルパー	・在宅療養児の生活支援や介護支援を行う。
教育	教育委員会	相談員	就学その他の教育に関する相談に応じる。
	特別支援学校	教諭	子どもの学校教育を行う。

西村あおい（にしむら　あおい）…看護学部看護学科教授／専門分野：小児看護学

5. 赤ちゃんと家族をつなぐ 「情報交換ツール」

田中　学

　日本の出生数は低下し続けている。平成28年の出生数は、約98万人と過去最低を記録し、女性が生涯に産む子どもの推定人数を示す合計特殊出生率は1.44であった。しかし、新たに生まれる子どもの数は減少しているが、低出生体重児が生まれる割合は増加しており、この背景には、晩婚化による出産年齢の上昇や生活習慣の多様化、医療技術の進歩などが影響していると指摘されている。

　最近、テレビドラマやニュースなどに周産期医療が多く取り上げられるようになり、NICU（Neonatal Intensiv Care Unit：新生児集中治療室）という存在も広く知られるようになった。NICUとは、低出生体重児や、先天性の病気などで集中治療を必要とする新生児に、高度な専門医療を24時間体制で提供する治療室のことであり、全国に3052床（平成26年）ある。

▶交換ノートに込められた家族の思いと看護

　早産児や低出生体重児、先天性の病気や障害を持った赤ちゃんは、多くの場合、生まれてすぐにNICUに入院し、透明な保育器の中で栄養や薬剤を投与するための点滴、ミルクを注入するためのチューブなどを身に着け、呼吸を助けるための人工呼吸器、心電図モニターや呼吸状態を計測するモニターなどの多くの機器に囲まれた生活が始まる。一方、母親や父親は、生まれたばかりの赤ちゃんと離れ離れになってしまう。このことを母子分離（親子分離）といい、親子の愛着形成の遅れや、親の心理的不安といった影響を与えることが知られている。特にNICUに入院した子どもを持つ母親は、「大きく健康に産んであげられなかった」という自責の念や、多くの医療機器や医療従事者を前にした戸惑

い、これから我が子に起こることや自身の生活への不安、「我が子のために何もしてあげられない」という無力感を抱くことが多い。

多くの母親は、保育器に入った小さな我が子を前に身体を震わせながら涙を流したり、硬い表情のままうつむいてしまったりする。また、家族は、ずっと我が子のそばにいたいという思いを持ちながらも、面会時間が限られ、自由に我が子に会うことができない。抱っこや授乳などの親としてしてあげたいことがかなわない状況に置かれるが、この思いを誰にも相談できずに心の中にそっとしまってしまうことが多くみられる。その時、NICUで働く看護師たちは、家族が抱く思いや感情をありのまま受け止め、心に寄り添えるような看護をすることを大切にしている。

NICUで離れ離れになった赤ちゃんと家族をつなぐ手段の一つに交換日記がある。この交換日記は、家族とNICUの看護師との間で交わされる赤ちゃんの情報交換ツールである。「今日は○○グラムになりました」「初めて母乳を口から飲みました」など家族がいない間に起こった出来事や様子を写真やイラストを添えて看護師が書き、家族は、そのことに関する返事や医師からの説明で分からなかったところ、面と向かっては言えない不安や思いを文章にしていく。時には家で起こった出来事や兄弟のことなどもつづる。

交換日記を交わし続けることで家族は自分たちがいない間の出来事や我が子に関して知らなかった情報を看護師から得るとともに、自分たち自身の思いと向き合い気持ちを整理することができる。そして看護師は、家族が抱えている不安や思いについて日記を通して知り、家族支援のあり方を考えることができる。

NICUで行われる看護は、両親と赤ちゃんをつなぐ支援であり、NICUの看護師は、両親が親になる最初の過程を支援する役割を担っている。それは、両親と赤ちゃんが離れ離れになっていても親子としての愛情を育み、「早く家に連れて帰りたい」と思う気持ちを持ち続けることを支えることであるともいえる。

▶赤ちゃんがお家に帰るための看護

　赤ちゃんは、NICUでの治療を受けながら日々成長し、やがて退院する日を迎える。生まれてすぐにNICUに入院した我が子が初めて家での生活を始めることは、家族にとって大きな喜びであると同時に、不安を感じる出来事である。では、NICUに入院していた赤ちゃんが退院し、家で生活していくことに向けて必要な看護とはなんだろうか。

　現代は、インターネットの普及により、ありとあらゆる情報が手に入るようになった。しかし、間違った情報も多く存在し、医療制度や社会福祉制度など一般の家族には理解しづらい事柄も多くある。そこで看護師は、家族から退院支援に必要な情報を収集し、その家族にどのような情報が必要かを考え、わかりやすく家族に伝えている。

　例えば、呼吸に障害があり、酸素などの医療機器を持って退院する赤ちゃんの場合、家の間取りはどうか、酸素を置くスペースはあるか、医療機器の取り扱いや医療処置を家族が習得しているか、両親の仕事の状況や両親のほかに育児を手伝ってくれる人はいるかなどの情報を家族から収集し、的確なアドバイスをする。また、必要に応じて呼吸障害の赤ちゃんを風呂に入れる方法やミルクの飲ませ方といった養育技術を伝え、退院の予行練習のために病院内に家族が宿泊するなど家に帰ってからも育児に困ることがないように支援している。さらに、身体障害者手帳の取得、特別児童扶養手当の受給申請、訪問看護師の手配の仕方など他の専門職と連携を図りながら退院への準備を進めていく。

　このように、早産児や低出生体重児、先天性の病気や障害を持った赤ちゃんが生まれた時から退院するまでの間、家族と看護師の間では常に情報のやり取りが繰り返され、赤ちゃんの日々の成長を共に喜び、時にはともに悲しみ、悩みながら看護が提供されている。

田中　学(たなか　まなぶ)…看護学部看護学科助教／専門分野：小児看護学，看護教育学，感染看護学

6. 防災情報を使いこなす

小島　善和

▶災害防止と予防

　災害防止（防災）とは、災害の元となる出来事の発生を食い止めたり、災害を回避して、拡大を防いだりするときに使われる。地震や津波、豪雨の発生を防ぐことはできないが、堤防や免振ビルなどの土木工事は可能である。東日本大震災で学んだことは、それまでは被害を食い止めることに関心と費用が向けられてきたため、被害が食い止められなかった場合の対応が欠けていたことである。震災後に「想定外」という言葉を何度も聞くことがあったが、防災について考える場合には、「防止」できなかった時の対応を考えることも大切である。

　近年、①減災に向けて、②被害を想定した予防対策を講じ、③早期復旧への対応として「災害予防」が使われるようになった。図1は、「小笠原諸島の西之島が東京情報大学にできたら」という合成写真である。西之島の火山噴火は自然現象として見られるが、東京情報大学で同じ火山噴火が起きれば「大災害」となる。

▶首都直下型地震や豪雨時の行政対応

　防災に関連する情報は、インターネットの検索エンジンを活用するとたくさん見つかる。自治体のホームページには、地震や津波の被害予想、豪雨の浸水地区などが掲載されているので、日ごろから、どこに「防災情報」があるかを知っておくことが大切である。防災体験施設として、ゆりかもめ東京臨海新交通臨海線の有明駅から徒歩2分の場所に「そなエリア東京」がある。首都（直下）型地震を想定した展示や体験学習が可能な施設で、東京湾臨海部基幹的広域防災拠点として、内閣総理大臣を本部長とする緊急災害現地対策本部を設置する「オペレーショ

第2部　少子超高齢社会の課題に挑む　*277*

ンルーム」を見学することができる。

▶全国瞬時警報システム（J-ALERT）

　災害には、自然災害と人的災害および、両者が混合した災害がある。東京電力福島第一原発事故を検証した国会の事故調査委員会（黒川清委員長）は「事故は自然災害ではなく明らかに人災（人的災害）」とする報告書を衆参両院議長に提出した。さらに、地震や北朝鮮のミサイル発射情報の早期周知を目的にJ-ALERTが開発されたが、課題は、警報音が鳴った後の「避難行動」をどうするかである。行政機関は、被害を減らすための対策として、「自助」「共助」「公助」の重要性を広報やホームページで解説している。災害予防と災害応急対応は自らで行うことが第一とされているので、公助としての避難行動（誘導）への期待が強すぎると、自身の避難行動が遅れることにもなる。

▶災害の本質

　災害とは、多くの人が同時に喪失を体験することと言える。「喪失」とは失うことを意味していて、東京電力福島第一原発事故で使われた「全電源喪失」のように、「大変（大切）なものを失う」ときに使う。身体の重要な機能を失ったり、大切にしている人や物、仕事や立場、財産を失ったりすることを「喪失体験」と呼ぶ。災害に遭った人たちは、多くの物やことを失うことが多いので、「喪失体験」に続く、苦痛も大変大きなものがある。

　災害に直面した人の心理を説明する考え方の一つとして、不安喚起モデルがある。人は不安を感じた時に、不安を解消しようとするが、そこには三つのパターンがあるといわれている。まず、「自主解決パターン」として、自ら情報を積極的に入手し、危害が自分に及ぶかどうか、また危害を避けるにはどうすればよいか判断しようとする。次に、「他者依存パターン」がある。信頼できる他者（警察官や教員、行政の職員、先輩や親など）に判断を任せ、その人たちの指示に従うことに疑問を持たないパターンである。第三は、「思考停止パターン」で、災害直後の人た

ちの多くは、「何が起きているのか。次に何が起きているのか」の災害の本体が理解できず、考えることをやめてしまうパターンである。この人たちは、その場面や場所を安全と思いこんで、起きていることを否定や拒否することがある。

▶情報に振り回されない思考

　災害発生時に、避難をするかしないか、どのように避難するかを判断する場面で、自らの「不安喚起モデル」を理解しておくことが大切である。生存者として生き残るには、自主解決よりも、自分と周囲の人々の命を守る最善の努力をしようとすること。他者への依存によって指示を待つよりも、主体的に問題は何かを考えるための情報収集と情報に振り回されない翻弄されない思考を磨く訓練を日ごろから行っておくことが重要と考える。

　また、突然の予測困難な出来事の直後は、思考停止に至る人がいることを理解し、自らが思考停止になっていないか、周囲の人たちが思考停止になっていないかをしっかり観察することが大切である。日ごろから訓練を行っている人は、予測不能な災害に遭った時にも、冷静な判断と行動ができる可能性が高いと考えられる。

▶災害情報の入手

　災害情報の入手元として「災害報道」やSNSを介しての情報が多くを占めているが、行政や報道機関が提供する情報は、報道の信頼性を確保し、混乱を招くことを避けるため、出来事と報道の間に「タイムラグ」が生じることがある。多くの報道機関は、視聴者からの情報を取り入れて「双方向型報道」を進めようとしている。また、SNSは、情報の確認が困難なこともあるが、マスコミュニケーションと比較すると「即時性」は優れている。

▶これからの防災情報

　IoT（Internet of Things）という言葉がある。被災者や被災するかも

しれない一人一人の状況にあった安全な避難経路や対応を自動音声で誘導してくれることが可能になるかも知れない。自動音声を無条件に信じないで、自らの五感と周囲の人たちとのコミュニケーションを取りあいながら、最後は自身の判断と意思決定が必要になることは不変と考える。

▶参考文献

1) 山崎瑞紀他「社会事象に関する不安喚起モデル構成の試み―高病原性インフルエンザを例にして―」（社会技術研究論文集 Vol. 2, pp. 379-388, 2004）

小島　善和(こじま　よしかず)…看護学部看護学科教授／専門分野：成人看護学

口絵4　参照

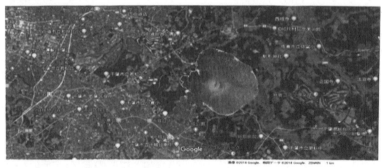

（小島善和「防災情報を使いこなす」より）

7. ラクをするほど健康長寿?
～からだの声に意識を向けて～

吉武　幸恵

▶**看護の現場で抱いた違和感**

　「○○(患者)さんの移動をお願いします」の呼びかけに、数名の看護師が駆け付け、「せーの、1、2、3!」と、ベッドからストレッチャー、あるいはベッドから車椅子へ患者を移乗する。この行為は、看護や介護の多くの現場で日常的に行われている。この場面に登場する人々はどのような体験をしているだろうか。看護師は、患者を落とさないように、全身に力を入れて患者の体重を受け止める。時には自分の背中や腰を痛めてしまうこともある。この例のような患者の持ち上げや、力任せの介助によって、看護師の約80～90%が腰痛を発症しており、このように腰痛を発症した看護師は、「急いでいて時間がなかった」、「患者の(ゆっくりした)動作を待っていられなかった」と言う。一方、介助される患者は、抱え上げられることに恐怖と不安を抱き、全身を緊張させているかもしれない。また、「『重い』と嫌がられないだろうか」「申し訳ない」「自分が情けない」と思うかもしれない。

　私は、この例のような「患者を持ち上げる」介助場面が、まるでフォークリフトで物を持ち上げているようで、それが当たり前のように行われていることに違和感を抱いた。介助する側にとっても、される側にとっても苦痛を感じることなく介助できる方法はないものかと模索していたところ、「キネステティクス®」という学習システムを学ぶ機会に恵まれた。この学習システムを修得する過程で、「介助する」ということは、介助する側とされる側との間でさまざまな「情報」がやり取りされ、その人が持つ「活動の資源」を効果的に引き出し、一人ひとりに合った活動を導くことであるということを学んだ。そして、そのように「活動の資源」を活かして行われる「介助」は、患者にとっても、看護者にとっても「楽」という感覚をもたらす

第2部　少子超高齢社会の課題に挑む　281

のである。

▶人間が持つ「活動の資源」

　キネステティクス®とは、1970年代に米国人のフランク・ハッチ博士とレニー・マイエッタ博士によって開発された「動きの能力」に関する学習システムであり、看護・介護のみではなく、人々の日常の生活動作の負担軽減に活用することができる。また、人間が生きていく上で必要な活動（食べる、寝る、呼吸する、立ち上がる、歩く、など全て）のために人間の体に備わっている六つの資源について、自身の感覚で「感じる」「実感する」ことによって学習し、「動きの能力」を身につけることを目指している。

　ここでは六つの活動の資源それぞれについて詳述せず、「動きの感覚」を「情報」としてどのように活用するのかに焦点を当てて、より良い「動きの質」とは何か、介助において、より良い「動きの能力」をどのように導くのかについて解説する。

　「動きの質」とは、生活上のさまざまな動きに伴って、関節や筋肉、循環や心肺機能にかかる負担がどの程度か、動きの資源をどれだけ有効に使って、無理なくしなやかに動けているかを指す。特に、キネステティクス® においては、いかに重力に逆らわずに、身体の重さを楽に動かすことができるかが、「動きの質」を左右するとされている。例として、椅子から立ち上がる動作で考えてみよう。椅子に座り、顔を上に向けたまま立ち上がると、頭は身体を引き上げようとし、（そもそも立ち上がることはできるだろうか）立ち上がるのに非常に大きな力を必要とする。また、重力に逆らって身体を持ち上げており、腹筋・背筋や足腰に大きな負担がかかる。一方、お腹をのぞくように頭を下に向けて、お辞儀をしながら身体の重さを脚に乗せるように立ち上がってみるとどうだろう。まるで身体の重さがが脚の方向に滑らかに注がれていくように、重力に逆らわずに、自然に立ち上がることができる（図１）。実際に体験してみると、どちらの立ち上がりの方が「質の良い動き」であるかは明らかである。

　看護や介護の現場で日常的に行われている、患者を前から抱える介

282　第2部　少子超高齢社会の課題に挑む

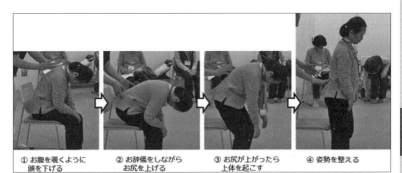

図1　重力に逆らわない立ち上がり方の例

助は、患者の頭が上を向いた状態になり、患者は自分の力を使わずに看護者に「ぶら下がる」ように立ち上がり、看護者は患者の全体重を受け止める状態になる。これは両者にとって大きな負担をもたらすものとなっている。また、私がここで問題だと考えるのは、看護者のタイミングで、一方的に「立ち上がる」活動を行っているということである。両者にとって「質の良い動き」で立ち上がりを介助し、介助されるには、両者の間でさまざまな「情報」のやり取りが不可欠なのである。

▶活動の介助でやり取りされる「情報」──「動きの感覚」

　人間は、活動と同時にさまざまな感覚を使っている。例えば、街の中を歩いている時、視覚によって、行きたい方向や障害物の有無を確認し、聴覚によって人が歩く音や人の声、車が近づく音、信号機の音を聴き、触覚によって地面の凹凸、人や障害物との接触に気づき、時には嗅覚によって何か良い香りを嗅いで、そちらの方向へ足を向けることもあるだろう。このように、感覚によって得たものは全て「情報」である。さらに、これら五感に加えて人間の活動において最も重要な感覚が「動きの感覚」である。

　「動きの感覚」とは、身体のどの部分に圧がかかっているのか、どの筋肉が緊張しているのか、その圧と緊張の変化を感じる感覚とされている。椅子に座ったまま上体を左右のどちらかに傾けてみよう。目を閉じて

視覚を遮っても、耳をふさいで聴覚を遮っても、自分の状態が「傾いている」ことは自覚できる。これは、椅子の座面に接触している臀部（でんぶ）にかかる圧が、傾いている側に強くかかっていることや、傾いた側と反対側の脇腹の筋肉が緊張していることを感じ、「傾いている」ことを認識する。このような、「圧」と「緊張」の変化によって「動き」を認識する感覚が「動きの感覚」である。

　活動を介助する際に「動きの感覚」を「情報」としてやり取りするためには、相手に触れることが不可欠である。触れた場所に圧を加えることで、相手に動きを伝え、同時に相手の筋肉の緊張の程度から、動きへの同意や抵抗を感じることができる。相手の筋肉の緊張がなく、動きに同意していることを感じたら、さらに動きを伝え、抵抗を感じたら、圧を少し緩めたり、反対方向へ圧を加えたりと、お互いに「動きの感覚」をやり取りして動きを連続的に導く。

　ここで、「動きの感覚」をやり取りする際に重要なポイントとして、「互いに力を抜く」ことを加えておく。全身を緊張させ、力を入れた状態では、自分の身体を動かすことすら不自由になる。当然、相手に動きを伝えることも困難になり、相手の動きを感じる感覚も鈍ってしまう。力を抜いてリラックスした状態では、少しの力で身体を動かすことができ、自分の動きを相手に伝えることも、ほんの少しの力で可能になる。このように、互いにリラックスして、圧と緊張の変化を連続的にやり取りしながら行われる介助は、介助する側とされる側の動きが一体となって、しなやかで心地よいと感じる（図2）。

▶「動きの質」改善で、健康長寿

　最後に、動きによる健康への効果から、「動きの質」を改善することが健康長寿につながることを説明する。

1）骨の強度の維持と筋肉の萎縮の予防

　重力に逆らって身体を持ち上げられると、骨に「身体の重さ」という圧力をかけることなく立ち上がり、移動することになる。脚に重さを移すように立ち上がると、骨に適度な圧力が加わるため、骨の脆弱化の予防に

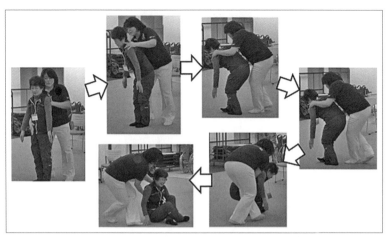

図2　介助する側とされる側の動きが一体となった活動の例：回転しながら床に座る

つながる。同時に、筋肉も自身の力を使って骨を動かすため、筋肉の萎縮の予防につながる。また、血流も促進するため、骨や筋肉を作る細胞の活発化も期待できる。

2）循環機能の安定

「質の良い」動きは筋肉の緊張がない状態で生じる。全身を緊張させた状態では、血圧は上昇し、心肺機能にも負担がかかる。リラックスした状態で動くことができれば、急激な血圧の上昇を避けることができ、心肺機能への負担も最小限に抑えられる。

3）動く意欲の向上

「質の良い」動きで活動すると、「自然に動けた」「楽に動けた」と感じ、動くことへの心理的な負担が軽くなり、「もっと動きたい」という意欲や、動くことへの自信が生まれる。それによって、身体活動量が増加し、寝たきりの予防や、生活習慣病の予防、身体機能の向上等が期待される。

吉武　幸恵(よしたけ　ゆきえ)…看護学部看護学科講師／専門分野：基礎看護学, 看護管理学

著者索引（五十音順）

浅沼	市男	136, 140
池田	幸代	203
石井	政弘	161
井関	文一	56
伊東	杏希子	89
伊藤	嘉章	250
伊藤	美香	225
茨木	正治	180
今井	哲郎	238
内潟	惠子	217
内田	治	75
大石	朋子	242
大城	正典	99
大見	嘉弘	95
葛西	好美	253
加納	佳代子	261
川口	孝泰	238
河野	義広	47, 194
蒲生	康重	171
岸田	るみ	264
岸本	頼紀	20
小島	善和	277
小早川	睦貴	155
斎藤	隆	152
櫻井	尚子	109
鈴木	昌治	5
鈴木	英男	71, 132
鈴木	理枝	200
髙柳	千賀子	235
田中	学	274
田邊	昭雄	125
圓岡	偉男	191
富田	瑞樹	144
豊増	佳子	246

堂下	浩	165
中尾	宏	7, 64
中島	淳	33
永井	保夫	44, 99
成松	玉委	232
西村	あをい	271
西村	明	60
布広	永示	67, 104
花田	真樹	52
林	美佐	228
原	朗	116
原	慶太郎	148
原田	恵理子	119
朴	鍾杰	128
樋口	大輔	17
藤井	博英	268
藤田	修平	175
藤原	丈史	82
マッキン ケネスジェームス		35
松下	孝太郎	28
松下	博宣	213
三宅	修平	85
宮野	公惠	221
村上	洋一	24
茂住	和世	197
安岡	広志	207
栁田	純子	112
矢作	由美	92
山口	豊	185
吉岡	洋治	257
吉澤	康介	78
吉武	幸恵	281

東京情報大学について

設置者：学校法人東京農業大学
開設年：1988年4月
所在地：千葉市若葉区御成台4-1
設置大学院・学部学科
　大学院総合情報学研究科（博士前期課程・博士後期課程）
　総合情報学部総合情報学科
　看護学部看護学科
東京情報大学のホームページ：http://www.tuis.ac.jp/

東京情報大学「情報のちから」編集委員会
委員長　中尾　　宏　（総合情報学部）
委　員　浅沼　市男　（総合情報学部）
　　　　小島　善和　（看護学部）
　　　　布広　永示　（総合情報学部）
　　　　原　慶太郎　（総合情報学部）
　　　　吉澤　康介　（総合情報学部）

＜シリーズ　実学の森＞

情報のちから
─情報×看護で情報社会・少子超高齢社会の課題に挑む─

2018（平成30）年6月3日　第1版第1刷発行

編　者：東京情報大学「情報のちから」編集委員会
発　行：一般社団法人東京農業大学出版会
　　　　代表理事：進士　五十八
　　　　〒156-8502　東京都世田谷区桜丘1-1-1
　　　　Tel 03-5477-2666　Fax 03-5477-2747
　　　　http://www.nodai-shuppan.or.jp
　　　　mail：shuppan@nodai.ac.jp

Ⓒ東京情報大学　　　S180538
ISBN978-4-88694-483-2　C0004　¥1500E